MILLER'S
Guía de antigüedades
PLATA

Asesor: John Wilson
Editores: Judith y Martin Miller

libros
cúpula

Asesoramiento bibliográfico:
M. Gil Guasch, director del Museo de Artes Decorativas
de Barcelona (1967-1990).

Ilustración de la cubierta: *Pimentero octogonal de Charles Adam, 1718.*
Ilustración portadilla: *Sopera oval con Tapa, estilo Jorge III de Thomas Robins, 1810.*

Título original: *Silver & Plate*
Traducción: Carla Ros
© Reed International Books Limited, 1996
*First published in Great Britain in 1991 by Miller´s,
an imprint of Reed Consumer Books Limited
Michelin House, 81 Fulham Road, London SW3 6RB
All rights reserved*
© Grupo Editorial Ceac, S.A., 1999
Para la presente versión y edición en lengua castellana
Libros Cúpula es marca registrada por Grupo Editorial Ceac, S.A.
ISBN: 84-329-2368-0
Impreso por Toppan Printing Company, China
Grupo Editorial Ceac, S.A. Perú, 164 - 08020 Barcelona
Internet: http://www.ceacedit.com

No se permite la reproducción total o parcial de este libro, ni el registro en un sistema informático, ni la transmisión bajo cualquier forma o a través de cualquier medio, ya sea electrónico, mecánico, por fotocopia, por grabación o por otros métodos, sin el permiso previo y por escrito delos titulares del *copyright*.

Un candelero de mesa, Robert Sharp, Londres, 1805.

CONTENIDO

Cómo usar este libro	6	Información básica	10
Introducción	8		

CANDELEROS

Candeleros antiguos 1	18	Palmatorias	26
Candeleros antiguos 2	20	Candelabros	28
Candeleros modernos 1	22	Cronología de estilos	30
Candeleros modernos 2	24		

SERVICIO DE MESA

Platos	34	Saleros de mesa	54
Fuentes para entradas	36	Pimenteros	56
Salseras de pico	38	Mostaceras	58
Salseras con tapa	40	Cubertería (anterior a 1750)	60
Soperas	42		
Cortamechas y bandejas	44	Cubertería (a partir de 1750)	62
Salvillas 1	46		
Salvillas 2	48	Cubertería: información básica	64
Bandejas	50		
Angarillas	52		

PLATA DECORATIVA PARA LA MESA

Épergnes	68	Poncheras	76
Centros de mesa	70	*Monteiths*	78
Cestas 1	72	Escudillas y tazas para vino tibio	80
Cestas 2 (después de 1780)	74		

RECIPIENTES PARA BEBER

Tazones y vasos	84	Tazas	90
Picheles antiguos (anteriores a 1765)	86	Copas	92
		Jarras	94
Picheles modernos (posteriores a 1765)	88		

TÉ Y CAFÉ

Teteras 1	98	Samovares	114
Teteras 2	100	Jarras para crema de leche 1	116
Cafeteras 1	102		
Cafeteras 2	104	Jarras para crema de de leche 2	118
Servicios de té	106		
Cajas para té 1	108	Teteras	120
Cajas para té 2	110	Cafeteras	122
Azucareras	112		

VINO

Jarras para clarete	126	Placas para vino	132
Portabotellas	128	Enfriaderas de botellas	134
Embudos para vino	130		

CONTRAPLACADO

Plata inglesa 1	138	Galvanoplastia 1	142
Plata inglesa 2	140	Galvanoplastia 2	144

PLATA NORTEAMERICANA

Plata norteamericana 1	148	Plata artística	
Plata norteamericana 2	150	norteamericana	154
Plata norteamericana 3	152		

OTRAS PIEZAS

Escribanías	158	Servicio de mesa	
Cajas 1	160	adicional 2	170
Cajas 2	162	Fuentes, botellas y	
Cucharas de Apóstoles	164	cuencos variados	172
Recipientes variados		Plata del tocador	174
para beber	166	Otras piezas	176
Servicio de mesa		Piezas innovadoras	178
adicional 1	168		

CONTRASTES DE ORIGEN   180

SELECCIÓN DE DISEÑADORES Y FABRICANTES   182

GLOSARIO   185

ÍNDICE   187

BIBLIOGRAFÍA   191

AGRADECIMIENTOS   192

CÓMO USAR ESTE LIBRO

Cuando empecé a coleccionar antigüedades, aunque había mucha información sobre el tema, en el momento de adquirir una pieza seguía teniendo dudas. Mi deseo era interrogar a la propia pieza: qué era y si era auténtica.

La guía de antigüedades Miller's. Plata le enseña a examinar una pieza como un experto mediante una serie de preguntas que ha de plantearse antes de comprarla. La respuesta a casi todas ellas (si no a todas) debería ser «sí», pero siempre existen excepciones a la regla. En caso de duda, consulte a un experto.

El libro se ha dividido en las diferentes áreas de coleccionismo, por ejemplo candeleros, servicios de mesa y artículos para el vino. Incluye apartados dedicados a la plata norteamericana, al contraplacado y a la galvanoplastia, además de uno general en el que se describen otros objetos, como escribanías, cajas, etc. Al final del libro se encuentran el glosario, la bibliografía y una lista de los plateros y de sus contrastes.

Trate el libro como a un amigo que va a conocer y pronto descubrirá que el arte de coleccionar antigüedades es cuestión de experiencia y de formularse las preguntas correctas.

Judith Miller

En cada par de páginas se muestran los objetos que pertenecen a un área de coleccionismo en particular.

La primera página muestra una pieza, cuidadosamente escogida, representativa de un tipo de piezas que pueden encontrarse en las tiendas de antigüedades o casas de subastas, más que en museos.

Al pie de la figura aparecen la fecha y las dimensiones de la pieza y un código de precio orientativo que se le atribuye.

Un cuestionario le permitirá reconocer, fechar y autentificar antigüedades del tipo que se muestra.

Se da información útil sobre plateros, fábricas y objetos.

PIMENTER

Pimentero de Samuel Wood, 1 altura 15 cm; código de precio.

Cuestionario para identificar un pimentero
1. ¿Aparecen los contrastes agrupados bajo
2. ¿La tapa lleva también contrastes?
3. ¿Ha permanecido intacto el calado?
4. ¿Está el remate en buen estado y sin rep
5. ¿Existe algún escudo de armas? ¿Es orig
6. ¿Parece segura la unión entre el pie y el c
7. ¿Es alto y tiene la típica forma de pera?

Pimenteros
Los especieros se fabricaron a partir del siglo XVII, generalmente en juegos de tres, uno grande y dos pequeños. El mayor estaba destinado al azúcar, y los otros dos a la pimienta. En ocasiones se encuentran especieros pequeños, para la mostaza en grano, con un diseño grabado en la tapa, pero sin calado. Como el grano de la mostaza no se molía, para servirla se debía abrir la tapa del especiero. Hacia finales del siglo XVIII, los especieros fueron sustituidos por las anagrillas (págs. 52 y 53). Hoy en día se coleccionan tanto las piezas sueltas co completo
La piez página en un célebr de especi de los esp prácticam casi todo fue ganar ejemplar que aume
• El calad decorativ
• El escu

Contrasta Tanto deben lle

CÓDIGO DE PRECIOS
A lo largo del libro, al pie de las figuras principales hay una letra que hace referencia al valor aproximado de la pieza (en el momento de la publicación de este libro). Esta valoración sólo ha de servir de guía.

Se explican los contrastes, las firmas y los números de serie.

La segunda página le indica los detalles que ha de tener en cuenta.

SERVICIO DE MESA

cuerpo, éstos suelen aparecer agrupados por debajo de la base, aunque los más antiguos y los de finales del siglo XVIII en ocasiones se sellan en hilera en el mismo cuerpo. La tapa suele marcarse con el león pasante y posiblemente con el contraste del platero. Hay que desconfiar de las tapas sin ningún contraste.

El especiero con forma de faro adquirió popularidad a principios del siglo XVIII. La tapa se une al cuerpo mediante un cierre de bayoneta, en el que dos pestañas sujetas por un alambre en el canto se giran para mantenerla en su sitio. Este ejemplar (arriba) fue fabricado por John Smith en 1703. Los pimenteros antiguos suelen ser muy pesados y de aspecto macizo, ya que la pimienta era cara y merecía un buen recipiente. Esta pieza vale mucho más que la de la página anterior.

Dado que los pimenteros de forma octogonal son muy decorativos y más antiguos y raros que los circulares, suelen tener más valor. Este modelo (arriba), de 1718, fabricado por Charles Adam, estaría muy solicitado si estuviese en venta; en perfecto estado cuesta un 50 % más que uno circular. Las marcas de la tapa deben hallarse en el canto biselado.

La plata irlandesa es muy apreciada por los coleccionistas, no sólo en Irlanda, sino en todo el mercado internacional. Este robusto pimentero de cocina (arriba) fabricado por William Clark de Cork está muy buscado. Los pimenteros de este tipo se denominan «de cocina» porque su asa permite condimentar fácilmente la comida. Los ejemplares que tienen esta forma tan simple datan de antes de 1730 y son relativamente escasos. Otros poseen tapas caladas más decorativas.

Los pimenteros abombados, con tapa en forma de cúpula, se produjeron durante el siglo XVIII. Este ejemplar (arriba), de 1731, es de John Gamon, un prolífico platero. Los pimenteros abombados suelen ser más pequeños que los demás, miden unos 7,5 cm y son más baratos.
• Estos pimenteros suelen llevar los contrastes en el calado. Como la tapa no tiene bisel, se desprende con facilidad; muchos ejemplares no conservan la original. En este caso es mejor rechazar la pieza.

Información de ayuda para detectar copias, falsificaciones y reproducciones.

Algunas fotografías muestran:
• *Objetos de un estilo similar, del mismo platero o fábrica.*
• *Objetos parecidos pero menos valiosos que pueden confundirse con otros más coleccionables.*
• *Variaciones habituales de la pieza que aparece como principal.*
• *Piezas similares de otros plateros.*
• *Formas o motivos decorativos asociados con un taller o un período determinado.*

Advertencias y consejos para asegurarse de su valor, por ejemplo sobre su conservación y disponibilidad.

A más de 15.000 dólares
B 7.500-15.000 dólares
C 3.000-7.500 dólares
D 1.500-3.000 dólares

E 750-1.500 dólares
F 300-750 dólares
G 150-300 dólares
H 150 dólares

INTRODUCCIÓN

En Gran Bretaña se ha conservado gran parte de los objetos domésticos de plata, a partir de finales del siglo XVII. La existencia de gran cantidad de este metal junto con la de artesanos cualificados y un mercado floreciente produjeron un legado que ha logrado superar los estragos de la guerra y del conflicto civil. En Estados Unidos, la pieza de plata más antigua data de 1651, y las anteriores de mediados del siglo XVIII son escasas. Hasta el siglo XIX, los norteamericanos no desarrollaron su propio estilo decorativo, hoy en día tan apreciado.

Desde hace mucho tiempo la plata inglesa se estampa con contrastes oficiales que garantizan la pureza del metal; además, este sistema ha generado un registro de fecha, lugar de origen y fabricante. Al principio, el sello indicaba el fabricante, pero, a partir del tercer cuarto del siglo XVIII, cuando la producción de los talleres ganó popularidad, esta práctica se perdió. Con frecuencia, diferentes plateros del mismo taller elaboraban objetos que después se estampaban con el nombre del dueño. En Estados Unidos nunca hubo un sistema de marcar centralizado, y la mayoría de los objetos de plata suelen llevar el nombre o las iniciales del fabricante, lo que dificulta precisar la fecha de las piezas.

La mayoría de los coleccionistas van adquiriendo ejemplares de acuerdo con el estilo que más les agrada. Se pueden coleccionar desde las piezas más sencillas de principios del siglo XVIII hasta los ejemplares rococó fabricados 50 años después. La creciente opulencia y las nuevas técnicas de producción en serie del siglo XIX contribuyeron a una expansión de este metal y, como consecuencia, mejoró su calidad. Sin embargo, la plata del siglo XIX ha sido poco apreciada hasta que los esfuerzos combinados de algunas casas de subastas importantes y de ciertos comerciantes la han colocado en la posición que se merece. En las cimas más altas del mercado están las producciones de excelente calidad de Rundell, Bridge and Rundell, que incluyen muchos objetos de exhibición; en el otro extremo se encuentra la variedad de pequeños artículos baratos fabricados para satisfacer las nuevas modas y las economías más modestas. La imaginación victoriana empezó su decandencia hacia finales del siglo XIX, y gran parte de la plata del siglo XX consiste en reproducciones de estilos anteriores (que son de menos valor y no coleccionables). Las excepciones son un número de objetos de estilo modernista y *Art Déco*, y algunas piezas muy particulares fabricadas por artesanos como Gilbert Marks, Omar Ramsden y sus homólogos actuales.

El comprador privado puede encontrar en los museos casi toda la información que necesita acerca de la plata. Asimismo, las dos fuentes principales de abastecimiento (joyeros o anticuarios y galerías de subastas) pueden proporcionarle ayuda práctica. Si compra en una sala de subastas, pida siempre un informe de la condición del lote que le interese y lea cuidadosamente la descripción del catálogo. Asegúrese de que los precios sean correctos. El valor de una pieza de plata depende mucho de su buen colorido superficial, de su

INTRODUCCIÓN

originalidad y de que no esté reparada. Como esto último no es fácil de comprobar con luz artificial, intente ver las piezas con luz natural. Si compra en una subasta, no sobrepase su propio límite de precio: los compradores que ceden, suelen acabar pagando entre un 20 y un 30 por ciento más del precio previsto. La mayor atracción de las salas de subastas para los coleccionistas, particularmente para los que comienzan, es que los objetos se pueden observar con libertad; nada de lo que se aprende en un libro puede compararse con la manipulación de una pieza. Los mejores consejos para un comprador de subasta son: examinar cuidadosamente el objeto, fijarse en cualquier detalle, bueno o malo, y comprar al precio que haya determinado él mismo. Con el tiempo, se gana suficiente confianza como para hacer caso omiso de los precios orientativos, negociar con los comerciantes sobre la base de un auténtico conocimiento y encontrar aquella rareza o ganga que ha pasado inadvertida.

Compre sólo lo que le apetezca personalmente; existen muchos objetos domésticos atractivos a un precio asequible. Sin embargo, si compra como inversión, recuerde que una pieza que en ese momento es barata puede incluso encontrarse más adelante a un precio aun menor. Evite las piezas que están en mal estado y procure no comprar conjuntos incompletos.

Las colecciones más interesantes son las de un solo tema, por ejemplo, un platero, una familia o un taller determinados, o incluso un tipo de objeto o de época. Existe, por ejemplo, una variedad sorprendente de mostaceras, desde las más convencionales hasta las más raras. Además, hay compañías que dan información a los coleccionistas generales y a los especializados.

Una vez en su casa con el objeto de plata, es importante cuidarlo. Lo primero que debe hacer es limpiarlo en profundidad. Si ha seguido todas las indicaciones hasta el momento de la adquisición, no se llevará sorpresas desagradables. Cualquier limpiador comercial va rebajando la capa superficial de plata, por lo que estos objetos se han de lavar lo menos posible. Emplee un limpiador de larga duración o, sobre todo en las piezas más complejas, cualquiera de las preparaciones en forma de espuma que se aplican con esponja. Proteja los sellos con el dedo y emplee un trapo o una gamuza especiales para no rayar la plata. Las piezas particularmente trabajadas deben sumergirse en líquido limpiador y enjuagarse debidamente para eliminar el olor de este producto.
Los objetos para exposición en una vitrina pueden llevarse a un profesional, por un módico precio, para aplicarles una protección, siempre y cuando no se manipulen regularmente.

Finalmente, conozca lo que tiene. Guarde informes útiles como catálogos y facturas. Fotografíe sus piezas o grábelas con vídeo y mantenga al día la lista del seguro y de los precios. Tener que lidiar con las compañías de seguros sin la documentación adecuada es muy frustrante; vale la pena proteger sus bienes de la mejor manera.

John Wilson

INFORMACIÓN BÁSICA

CONTRASTES

Hoy en día, en Londres se sigue sellando la plata con contrastes. La plata inglesa suele llevar cuatro sellos que, históricamente, garantizan que una pieza cumple con los estándares legales. Los contrastes constituyen la mejor indicación para determinar la época y la autenticidad, pero no hay que considerarlos definitivos, ya que pueden estar desgastados o falsificados.

Plata de ley

Es el término inglés que designa la plata que es, al menos, 92,5 % pura. Desde 1300, el sello era la cabeza de un leopardo (en 1478, con una corona). En 1544 se introdujo el león pasante y desde 1820, aparece sin corona.

Britannia Standard

Era el estándar más alto de plata entre 1697 y 1720. El sello Britannia y el de la cabeza de un león de perfil sustituyeron a los contrastes de ciudad y a los de ley.

- Los contrastes de plata de ley originales reaparecieron en 1720, pero a partir de esa fecha, el de Britannia se empleó como una alternativa para indicar la plata de mayor calidad.
- Los plateros de la época de la marca Britannia aplicaban las iniciales de las primeras dos letras de su apellido; en la plata de ley, las iniciales corresponden al nombre de pila y al apellido.

Contraste de la ciudad

Varía según la oficina de control del lugar de origen (págs. 180 y 181). En ocasiones, la marca londinense (una cabeza de leopardo) se aplicaba también en provincias.

Letra de fecha

Aparece en Londres a partir de 1478 y más tarde en otras partes del país. Es única de un año a otro y de una oficina de control a otra; suele seguir el orden alfabético. La letra suele enmarcarse con un escudo.

Contraste del platero

Se aplica a la plata desde 1363. Los sellos anteriores eran signos o símbolos. Esto fue así hasta finales del siglo XVII, cuando se combinaron las iniciales con los símbolos. Estos últimos dejaron de usarse durante los siguientes 100 años.

Cabeza del soberano

Se empleó entre 1784 y 1890 (en Dublín desde 1807) para indicar que se habían satisfecho los aranceles exigidos. El sello de Jorge III posterior a 1785 es difícil de distinguir de los que se emplearon para Jorge IV y para Guillermo IV.

Contrastes falsificados

Los contrastes oficiales se imprimen con matrices de acero, y la mayoría de los falsificados con matrices de latón, que son troqueles más débiles. Éstos imprimen imágenes menos contrastadas. Además, las marcas pueden estar copiadas mediante fundición de una pieza genuina. Si es así, tienden a aparecer pequeñas granulaciones visibles en el contorno de la imagen.

Contrastes transpuestos

Se trata de series de marcas quitadas de objetos dañados o de baja calidad que se aplican a piezas más vendibles. Pueden detectarse si hay discrepancias entre el estilo de la pieza y la fecha del contraste o si existe un leve halo alrededor de éste, que es la línea de soldadura (puede observarse empañando la zona con el aliento).

Fraudes fiscales

Los plateros practicaban dos sistemas para eludir los aranceles. El primero consistía en fabricar una pieza pequeña, como un plato, mandarlo a ensayar y después recortar el contraste y trasladarlo a otra pieza mayor. El segundo era recortar las marcas de cualquier otra pieza pequeña, generalmente más antigua y bien contrastada, y trasladarlas a la base de otro objeto más grande y pesado; después el artesano añadía su propio sello, a veces

INFORMACIÓN BÁSICA

incluso sobre la letra de fecha, para ocultar ésta. Este procedimiento puede detectarse cuando la marca del platero es más reciente que la del contraste. Aunque estas piezas no siguen las leyes oficiales de ensaye, al menos se sabe que están fabricadas por la persona cuyo sello aparece en ellas.

Alteración ilegal

En 1844 era ilegal añadir a una pieza partes sin contrastes o alterar su uso. Hoy en día vender estos objetos sigue siendo un delito. Se trata en todo caso de falsificaciones mejor intencionadas, ya que su propósito es transformar un objeto en desuso o pasado de moda.

DECORACIÓN

La superficie de la plata casi nunca es lisa (excepto la inglesa de principios del siglo XVIII y la norteamericana del mismo siglo). Las principales decoraciones son:

Grabado

Esta técnica consiste en dibujar un motivo en la plata con una herramienta afilada. Los escudos, las inscripciones y las demás marcas de propiedad se hacían a mano y no son visibles por el reverso. El grabado más fino se hacía sobre todo en Alemania y en los Países Bajos; entre los mejores grabadores ingleses se encuentran William Hogarth, Simon Gribelin y James Sympson. El grabado norteamericano es menos común; son conocidos Nathaniel Hurd y Joseph Leddel. A diferencia de los grabadores ingleses, muchos de los norteamericanos firmaban sus trabajos.

Esta salvilla de estilo Jorge III está grabada con flores estilizadas, máscaras, clásicos medallones y blasones.

Grabado de lustre

Era muy corriente a finales del siglo XVIII. Se aplica el mismo método que en el grabado, pero con una herramienta de acero bruñido que corta y pule la plata a medida que avanza, creando un diseño que brilla con la luz.

Salvilla de plata de 1780 con grabado de lustre (arriba).

Chinoiserie

En los motivos chinescos de cincelado plano, corrientes a finales del siglo XVII, se incorporan escenas con figuras exóticas, pájaros y paisajes orientales. Los temas muestran cierta ingenuidad y suelen parecerse mucho entre sí; se ha llegado a sugerir que un único artesano fue el creador de todos ellos. Las piezas de plata decoradas con motivos Chinoiserie tienen mucha demanda y suelen venderse a precios muy altos.

Caja de estilo Carlos III (arriba), Londres, 1683, decorada con escenas chinoiserie.

Cincelado

El cincelado aparece en la plata a mediados del siglo XVII y de nuevo en el siglo XVIII. Es una forma de decoración en relieve en la que el metal se empuja desde el reverso con un martillo o un punzón, hasta lograr la forma deseada. A diferencia del grabado, no se elimina la plata. El dibujo destaca sobre la superficie y se

INFORMACIÓN BÁSICA

puede percibir por ambos lados. Los motivos más comunes son flores, follaje y volutas variadas.

- Los victorianos solían decorar la plata con cincelado.
- En el siglo XVIII, Paul de Lamerie y Aymé Videau crearon cincelados de gran calidad.
- A veces resulta difícil precisar la diferencia entre el cincelado del siglo XVIII y el del siglo XIX, aunque el más típico del siglo XVIII tiende a ser más natural y animado que el victoriano, de rasgos más mecanizados.
- La plata cincelada en el siglo XVIII se marcaba después de ser decorada. Cuando el cincelado se añade más tarde, atraviesa los sellos, mientras que si se hace de antemano lleva las marcas superpuestas sobre la decoración.

Chocolatera de plata de William Lukin (arriba), Londres, 1701, con decoraciones de recorte.

Bordes
El estilo del borde puede proporcionar un indicio de la fecha en la que se elaboró un artículo de plata. Es importante tener en cuenta que muchos bordes del siglo XVIII se repitieron en el siglo XIX.

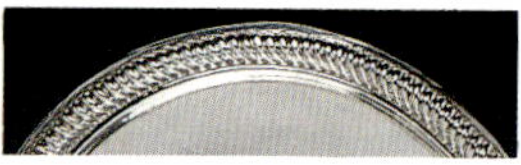

Los bordes acanalados fueron corrientes entre 1690 y 1700. Éste es un típico ejemplar de finales del siglo XVII (arriba). El borde está estampado y, por lo tanto, es frágil y propenso a agrietarse.

Copa con tapa estilo Jorge II de alrededor de c. 1740 (arriba); lleva una fina cenefa de follaje, volutas y máscaras báquicas cinceladas.

Cincelado plano
Es igual que el cincelado, pero la decoración aparece en bajorrelieve. Se diferencia del grabado en que la impresión se puede observar por el reverso.

Los bordes de moldura sencilla como éste (arriba), se encuentran en objetos de finales del siglo XVIII.

Decoración de recorte
Las piezas de gran calidad de finales del siglo XVII y principios del XVIII llevan decoraciones de recorte superpuestas (chapas de plata que se recortan por separado y después se sueldan al cuerpo, y constituyen un refuerzo decorativo en la base de las asas y en los pitones de las cafeteras y piezas similares).

El borde de moldura fue reemplazado por uno sencillo de conchas y volutas en 1730 (arriba).

La decoración de recorte solía aplicarse bajo el pie central de las salvillas, en cuyo caso no es visible. Este tipo de decoración es un signo claro de calidad.

Este tipo de borde (arriba) se desarrolló posteriormente. Esta muestra, de 1758, es similar a la

12

INFORMACIÓN BÁSICA

de arriba aunque algo más pronunciada. También se repitió durante la época victoriana, pero acostumbraba ser más elaborado.

A finales del siglo XVIII, los bordes se hicieron más simples. Los de 1780 eran perlados.

Los bordes de finales del siglo XVIII y principios del XIX son fileteados o de filigrana.

Llegados a la época del estilo Regencia, los bordes se tornaron elegantes y trabajados.
• Los cartuchos que rodean los escudos de armas suelen ser recargados y decorativos.

Este borde estilo Regencia con conchas, hojas y acanaladuras (arriba) es más típico que el anterior y se encuentra en un gran número de bandejas, platos, fuentes y otros objetos de vajilla.

Una alternativa al borde fileteado de 1790 es el grabado de una pieza de lustre (arriba).

Escudos de armas

Tradicionalmente, las familias han grabado su escudo de armas, su blasón o su monograma en un cartucho decorativo sobre alguna zona importante de los grandes objetos de plata. El tipo de escudo y el estilo del cartucho pueden ayudar a determinar la antigüedad de una pieza a la que le falte algún contraste, y en ocasiones es incluso posible identificar a quién pertenecía el escudo.

Arriba: conde; centro (de izquierda a derecha): duque, marqués; abajo: vizconde, barón.

En algunas piezas más grandes puede aparecer el grupo heráldico entero. Éste se compone de un escudo de armas rodeado por un cartucho, un mantelete, un lema y, para los miembros de la nobleza, una corona y tenantes. Los escudos se interpretan en sentido contrario al punto de vista del observador: de frente a la pieza, el del marido aparece siempre a la izquierda, pero hay que referirse a él como a la derecha.

Cuartelado

Un hijo sólo puede cuartelar el escudo de sus padres si su madre no tiene hermanos. De lo contrario, sólo puede emplear los de su padre.

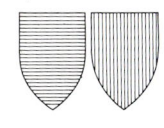

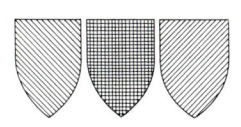

De izquierda a derecha, arriba: azul (azure), rojo (gules); abajo: verde (vert), negro (sable), morado (purple).

Los escudos de armas antiguos no se coloreaban, pero a principios del siglo XVIII se empleaba un sistema de sombreado para representar los colores. El verde y el morado son poco comunes. La plata se representa con un escudo en blanco, y el oro con uno punteado. Con práctica, los escudos de armas se pueden interpretar.

13

INFORMACIÓN BÁSICA

Este antiguo escudo de armas (arriba) tiene plumas cruzadas. Aunque el diseño no es demasiado estético, se trata de una buena muestra de decoración clásica; la presencia de plumas aumenta el valor de la pieza considerablemente.
• Como todos los antiguos escudos de armas, éste no está coloreado, con lo que su origen resulta más difícil de identificar que en las muestras posteriores.

La corona flanqueada con soportes indica que este escudo de alrededor de 1700 perteneció a un conde (arriba). Aunque la plata de la nobleza posee un valor histórico añadido, sólo las piezas grabadas con un escudo real se venden a un precio mayor. Al igual que el escudo anterior, éste no está coloreado.

Este escudo de 1714 tiene decoración plana de estilo barroco, muy en boga durante esa época. Posee un interés añadido por haber pertenecido a una viuda (identificable por que está colocado dentro de un rombo). Aunque existen pocas piezas de plata con el escudo de una viuda, ello no incrementa su precio de venta.
• La forma de rombo con una cinta en la parte superior indica su pertenencia a una mujer soltera.

Éste es un típico escudo de armas de 1730 (arriba). La alta calidad del diseño aumenta su precio significativamente.

El dibujo asimétrico de este escudo (arriba) es típico de los que datan de mediados del siglo XVIII. Suelen incluir flores y conchas que pueden ser muy decorativas y, además, le añaden un valor considerable.

Este escudo es más moderno y refleja la influencia rococó (arriba), de moda durante esa época. Su diseño es más alambicado que el anterior. Es particularmente interesante ya que muestra una insignia de barón en la parte superior (representada por una mano).

El escudo con forma de corazón es una característica típica de los artículos anteriores a 1780 (arriba). Existen muchas variaciones de ellos.

INFORMACIÓN BÁSICA

A finales del siglo XVIII, en los escudos de armas se incluían manteletes y lambrequines, que los hacían más estéticos, sobre todo si la decoración era de grabado de lustre.

Este escudo de armas de 1823 (arriba) es el mayor al que podía aspirar un noble, y es típico de los que aparecen en las piezas de plata más importantes de la época. El propietario tiene un nombre compuesto, representado por ambos blasones.

Aunque este escudo victoriano tiene un mantelete con follaje, es diferente del que suele verse en las piezas anteriores.

Blasones

Las piezas de plata menos importantes solían grabarse con el blasón y no con el escudo entero. La diferencia más importante entre estos dos elementos es que el primero pueden compartirlo hasta 20 familias, mientras que el escudo pertenece a una sola familia o incluso a un hombre o a una mujer en particular.
• En ocasiones, los blasones se acompañan de un lema. En los ingleses éste se encuentra bajo el blasón, mientras que en los escoceses está por encima.

Iniciales

Algunas piezas de plata antiguas tienen tres iniciales grabadas en un triángulo. La superior representa el apellido de la familia, y las dos inferiores las iniciales de los nombres de pila de los cónyuges. Era muy común regalar piezas de este tipo en las bodas.

Sustituir y borrar escudos

Cuando la plata cambiaba de manos, los nuevos propietarios a veces borraban el escudo existente y lo reemplazaban por el suyo. Con ello, el metal quedaba más fino, lo que reduce el valor de la pieza. Cuando la plata era demasiado delgada para volver a grabarla, el nuevo escudo se ubicaba en el lado opuesto. Algunos escudos se borraron y no se reemplazaron.
• Para comprobar si el escudo de armas se ha borrado, haga presión con los pulgares sobre la zona afectada y observe si cede.
• En ocasiones, se añade un escudo nuevo en un cartucho anterior, identificable por el tacto afilado del grabado.
• Si la pieza tiene un cartucho añadido, la línea de la soldadura aparece cuando se empaña la zona con el aliento.

Estado de conservación

Cualquier reparación representa una pérdida de valor, excepto en las piezas más raras. A veces, un diseño desafortunado, como el de unos pies demasiado pequeños para su cuerpo, resulta perjudicial. Si los daños se han reparado con soldaduras de plata, pueden ser difíciles de percibir. Con frecuencia se ha empleado plomo en las reparaciones, aunque esto puede afear la pieza y restarle valor.
• Los pies son propensos a sufrir daños y con frecuencia se encuentran hundidos en la base.
• Las piezas con asas también son vulnerables; con frecuencia, el metal del cuerpo se separa de éstas. Las que se han desprendido pueden volver a soldarse en la misma zona sin que se aprecien las marcas de la reparación.
• Las bisagras son difíciles de reparar debido a la contracción y expansión del metal.
• Las decoraciones caladas se dañan con mucha facilidad; así pues, examínelas cuidadosamente.
• Si los objetos huecos, como las teteras y las cafeteras, se han reparado con calor, el interior adquiere un color brillante.

15

CANDELEROS

Candelero estilo Jorge III de Thomas Hening, Londres, 1776.

Los candeleros antiguos son raros, y en el mercado no se encuentra casi ninguno anterior a la restauración de la monarquía inglesa en 1660. Muchos se fundieron para acuñar moneda durante la Guerra Civil del siglo XVII, y esto produjo una escasez de plata a finales de este siglo. Los candeleros de este período suelen ser pues muy ligeros, ya que fueron fabricados con chapa de metal. A finales del siglo XVII, los candeleros se fundían. Este método de producción, caro tanto en su técnica como en sus recursos, se aplicó hasta 1770, cuando el desarrollo de la mecanización procuró nuevas muestras reforzadas, extraídas de láminas (pág. 187). En Londres se siguieron fabricando candeleros fundidos a una escala más reducida, pero en el resto del país prácticamente desaparecieron. Los ejemplares fundidos son más resistentes que los de chapa; además, suelen tener más demanda que los reforzados y se venden más caros.

Las boquillas, que son separables e impiden que la cera caiga por el tronco del candelero, se convirtieron en una pieza común hacia 1740. Suelen combinar con el contorno de la base y comparten su misma decoración.

Los candeleros de finales del siglo XVII suelen ser de columna acanalada. Aunque se fabricaban cada vez más altos, existen pocas variaciones en el tronco acanalado o en el de balaustre, con excepción de un número de piezas de mediados del siglo XVIII que tenían el tronco de figura (algunos con forma de arlequín).

En cuanto a la producción norteamericana de candeleros, se conservan muy pocos de finales del siglo XVIII y principios del XIX. Esto es sorprendente, considerando los éxitos financieros y el alto nivel de vida del que disfrutaban los habitantes de la costa este de Estados Unidos y teniendo en cuenta que la iluminación se basaba en las velas, hasta el descubrimiento de otros métodos.

Los candelabros solían hacerse de la misma forma que los candeleros. Los ejemplares de principios del siglo XVIII son raros, y la mayoría data del último cuarto del siglo y en adelante. Para poder fabricar artículos más económicos, varios de ellos se hicieron con brazos de plata de Sheffield. Hoy en día, continúan teniendo menos valor y representan una alternativa a los de plata maciza.

Se conserva gran cantidad de palmatorias de principios del siglo XVIII. Las más antiguas son además muy prácticas: poseen un asa ancha que permite cogerlas cómodamente y una plataforma para retener la cera que gotea. También se fabricaban palmatorias de viaje, pero son raras a pesar de su utilidad, al igual que los tazones con estuche de viaje que se vendían con cajita para especias, cuchillo, tenedor y cuchara. A finales del siglo pasado aún se fabricaban algunas.

Las velas con mechas de autoconsumo no se introdujeron hasta finales del siglo XIX; así, hasta entonces, los cortamechas y sus soportes eran esenciales. De nuevo, sorprende que se conserven tan pocos ejemplares actualmente dado su elevado número de producción, ya que cada hogar con un candelero de plata necesitaba también un cortamechas. La mayoría de éstos datan del siglo XVIII. Los más antiguos tienen la misma función que una tijera pero, a partir de mediados del siglo XVIII, se elaboraron varias piezas ingeniosas que procuraban retener la mecha cortada. Estos artículos eran fabricados por especialistas, así que aunque se vendían con su bandejita, sus contrastes suelen diferir de ésta. Las pequeñas bandejas de los cortamechas suelen ser decorativas y se coleccionan también sueltas (págs. 44 y 45).

En todos los candeleros, los candelabros, las palmatorias y los cortamechas son importantes la calidad y el peso relativo, ya sean sencillos ejemplares de principios del siglo XVIII o más exuberantes, de la época de Jorge IV en adelante. Los candeleros reforzados son siempre muy pesados. Evite las piezas que estén en mal estado. En ocasiones se ha llegado a falsificar algún candelero fundido, reproduciéndolo entero con los mismos contrastes; cualquier pareja con los contrastes en el mismo sitio exacto es muy sospechosa. Desde el comienzo de su producción, los candeleros se fabricaban en parejas o conjuntos. El valor de uno suelto proporcionalmente es mucho menor que el de un juego completo. Una pareja genuina debe ser del mismo platero y de la misma fecha.

CANDELEROS ANTIGUOS 1 (ANTES DE 1800)

Candelero de fundición perteneciente a una pareja, de John Cafe; altura 25,5 cm; código de precios D.

Cuestionario para identificar un candelero típico de mediados del siglo XVIII:
1. ¿Es de forma relativamente simple y consistente?
2. ¿Son los elementos decorativos relativamente sencillos (un cordoncillo, un borde circular o uno con conchas)?
3. ¿Se encuentra la marca del fundido en la juntura? (si no es así, es posible que la pieza se haya desmontado)
4. ¿Tiene una boquilla separable? (si es así, la pieza es de 1740 en adelante).
5. ¿Hay algún borde o alguna faceta desgastados?
6. ¿Lleva los contrastes completos por debajo de la base o al pie de la columna?
7. ¿Están también marcados el platillo y la boquilla?
8. ¿Mide entre 15 y 25,5 cm de altura?
9. Cuando lo levanta, ¿es relativamente pesado?

Candeleros antiguos

Los candeleros ingleses de plata, para sobremesa, datan de antes de la primera mitad del siglo XVII, durante el reinado de Carlos I (1625-1649), pero son muy raros, al igual que los norteamericanos.

Estado de conservación

Durante el siglo XVII y principios del XVIII, los candeleros tenían un papel funcional, no decorativo. Se fabricaron muchos, con formas sencillas y prácticas ya que se utilizaban a diario. La mayoría de ellos se han conservado por parejas. Dado al uso cotidiano al que estaban sometidos, no sorprende que hoy en día suelan estar en mal estado. En muchos casos, los que estaban muy gastados se fundían y se volvían

CANDELEROS

a fabricar, lo que explica la escasez de ejemplares antiguos.

Características

Los candeleros ganaron altura conforme avanzaba el siglo XVIII. El que se muestra en la página anterior mide 25,5 cm, un tamaño típico para una pieza de mediados del siglo XVIII. Al iniciarse el siglo, los candeleros medían unos 15 cm, mientras que a su término alcanzaban el doble en altura (hasta unos 30,5 cm).

Candeleros de mediados del siglo XVIII

El candelero de la página anterior lleva una boquilla separable que impide que la cera caliente se derrame por el lado del tronco. La boquilla no se introdujo hasta 1740; las muestras anteriores al siglo XVII que se presentan en estas páginas carecían de ella.
• Las conchas que se ven en la base del candelero de la página anterior eran un motivo decorativo popular de la época. Otro tipo de bases son:
• De cuadrado sencillo.
• Con esquinas en ángulo.
• Con esquinas en forma de media luna.

Este antiguo candelero del siglo XVII (abajo) es de lámina de metal y está elaborado con secciones soldadas. Comparado con uno de fundición es relativamente ligero. Los candeleros de chapa son especialmente vulnerables a los daños (debido a la delgadez del metal), por lo que los ejemplares en buen estado, como éste, son muy raros.

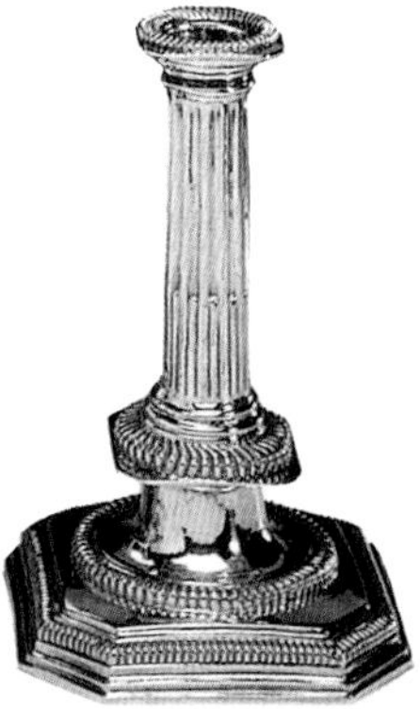

Fabricación

Durante el reinado de Carlos II (1660-1685) había una relativa escasez de plata, y los candeleros se fabricaban con delgadas láminas de metal (abajo, a la izquierda). Hacia finales del siglo XVII, a medida que aumentaba la provisión de plata, el fundido se fue convirtiendo en el método de fabricación más común. Los primeros ejemplares de fundición suelen ser más pequeños que los de lámina. El fundido siguió en uso hasta 1770, cuando se desarrolló la técnica de estampar candeleros con metal de un calibre más fino, que era más económica.

La alta calidad de este candelero fundido de finales del siglo XVII se refleja en su refinada decoración (arriba). En esa época, el borde acanalado era muy popular y suele encontrarse en modelos similares. La decoración plana de máscaras en el tronco central y en la base de la boquilla son indicativos de su alta calidad. Debido a que es fundido, se conserva en mejor estado que otros ejemplares más antiguos reforzados con láminas de metal.

Contrastes

Los candeleros de lámina de metal suelen llevar los contrastes en la parte inferior de la columna, y no en el reverso de la base, como ocurre con los fundidos. Los antiguos (arriba) se marcaban de la misma manera.

19

CANDELEROS ANTIGUOS 2

imperfecciones, como algunas grietas que aparecían en la fabricación y que reducen el valor.
• Las marcas a cada lado de la juntura deben encajar; de lo contrario, significa que en algún momento el candelero se ha abierto y ha sido recompuesto incorrectamente.

A principios del siglo XVIII se pusieron de moda los estilos de decoración más lisos. Este típico candelero de principios del siglo XVIII (arriba) fue fabricado por Anthony Nelme y tiene un diseño más simple que el de la página anterior. La forma de balaustre de la columna central no tiene adornos, aparte del moderno grabado de un escudo en la base.
• La leve curva del borde de la base y de la columna central muestra que este candelero ha sufrido bastante uso y desgaste. Las facetas desgastadas indican que la pieza no ha sido bien tratada, aunque igualmente estas piezas tienen un gran valor.

La forma de la boquilla puede ayudar a datar la pieza. En los candeleros antiguos, su diseño combinaba con el de la base (izquierda). Más adelante, en el siglo XVIII, se pusieron de moda los candeleros de base cuadrada y boquilla redonda. Este ejemplar es particularmente fino (arriba); fue elaborado hacia 1759 por John Carter, un prolífero platero. Es macizo, está bien construido y posee una sencilla decoración de acanaladuras que lo convierte en uno de los ejemplares más solicitados y caros que existen.

Fabricantes importantes del siglo XVIII

Los candeleros dorados que aparecen en la página siguiente fueron realizados por Thomas Pitts, un conocido platero londinense. Otros artesanos famosos por sus candeleros a principios de siglo fueron las familias Gould y Cafe. En la segunda mitad del siglo, John Scofield cobró cierto renombre por sus candeleros acanalados y por sus elegantes diseños; hoy en día sus piezas están muy buscadas.
• Algunos fabricantes de candeleros suministraban sus piezas a otros

Hacia 1725-1730, los candeleros, como éste de William Cafe (arriba), se hicieron más altos y con un fundido más complicado que en los modelos anteriores. Las piezas fundidas se deben siempre examinar por si hay

CANDELEROS

Candeleros pequeños

Los candeleros pequeños reflejan los estilos de los de mayor tamaño. Son simplemente más bajos y se empleaban sobre todo en los escritorios para sostener la velita de la cera de sellar.

Éste es el tipo de candelero plateros, que después las estampaban con sus propios sellos.

Estos candeleros de plata dorada (arriba), fabricados en 1772 en estilo Jorge III, reflejan la influencia del estilo francés de la época. Son casi idénticos a los de abajo, fabricados por Robert-Joseph Auguste en París, sólo dos años antes.

Candeleros franceses del siglo XVIII

Los candeleros ingleses que imitan a los franceses valen mucho menos que éstos, que aún están en circulación. Los franceses (abajo) valen cuatro veces más que las imitaciones inglesas (arriba). La escasez de piezas francesas se debe en parte al hecho de que, antes de

1789, tuvo que fundirse mucha de la plata del país para costear diversas guerras. Los candeleros franceses se elaboraban en gran variedad de formas y con una gama de motivos decorativos más amplia.

pequeño más corriente y data de 1730 (arriba). Con el avance del siglo se fueron fabricando candeleros ligeramente más altos.
• Al igual que los candeleros altos, los pequeños tienen la boquilla separable a partir de 1740.

Coleccionismo

Los candeleros pequeños no son tan comunes como los altos, por lo que suelen ser más apreciados por los coleccionistas. Casi siempre se venden sueltos; las parejas tienen más valor; pueden costar tanto como una de candeleros de tamaño normal de la misma fecha.

Estado de conservación

Aunque no solían sufrir el mismo desgaste que los candeleros normales, al ser más pequeños y más delicados son más vulnerables a daños que luego reducen su valor.

Contrastes

Los candeleros de finales del siglo XVIII suelen llevar los contrastes en una hilera por el lado de la base, como se muestra en el ejemplar de la página anterior. La boquilla debe estar marcada como mínimo con el contraste del platero y el león pasante.
• Los candeleros pequeños de base cuadrada suelen llevar las marcas por debajo de la base, en las esquinas; en los de base circular, los sellos aparecen agrupados.

CANDELEROS MODERNOS 1

Candelero reforzado de John Carter, Londres, 1768; altura 24 cm; código de precios D.

Cuestionario para identificar un candelero moderno (1750-1800):
1. ¿Es reforzado o de fundición?
2. ¿Aparecen las marcas correctas en la base y en la boquilla?
3. ¿Hay algún agujero en la base o en la columna, causados por la expansión en las zonas de mucha decoración en relieve? (esto reduciría considerablemente su valor)
4. ¿Existe algún desperfecto en el adorno de follaje?
5. ¿Coinciden la altura y la fecha de la pieza?
6. ¿Sigue intacto el trabajo reforzado?
7. ¿Suena el candelero cuando lo mueve? (si es así, el reforzado está suelto en la columna)

Candeleros reforzados

La mecanización desarrollada durante la revolución industrial en Inglaterra resultó en una proliferación de candeleros reforzados, fabricados a máquina y en grandes cantidades, para satisfacer la creciente demanda de las nuevas y prósperas clases mercantiles. La cantidad de metal empleado en los candeleros reforzados es bastante inferior a la de las piezas fundidas, por lo que los ejemplares modernos eran más baratos. Hoy en día continúan siendo menos apreciados. También en el resto de Europa se fabricaron en masa los candeleros reforzados, pero quizá debido a los continuos conflictos políticos, la mayoría de los que se conservan son ingleses. Los de fundición, de mejor calidad, se siguieron produciendo a finales del siglo XVIII y durante el XIX.

Centros de producción

La mayoría de los candeleros fundidos se fabricaban en los centros industriales de Birmingham y Sheffield, donde se encontraba la maquinaria; tras la apertura de las oficinas de ensayo en estas dos ciudades, la producción de candeleros reforzados aumentó bastante. El de la fotografía de la página anterior es un antiguo ejemplar fundido. El estilo imita la forma de una columna corintia, y continuó en boga durante todo el siglo XVIII. Las piezas modernas tenían la base redondeada. En ocasiones, los candeleros fabricados en Birmingham y en Sheffield se enviaban a Londres, donde se volvían a sellar con el familiar contraste londinense.

Precauciones

La varilla metálica con la que se equilibra el candelero reforzado está sujetada mediante pez o yeso blanco. A veces, estas sustancias se descomponen dentro, en el interior de la plata, en cuyo caso el candelero hace ruido al moverlo.

Este candelero fundido de fina calidad (abajo) puede

evidente tanto en su estilo como en su restringida decoración. El hecho de que se fabricase según el proceso de fundición incrementa mucho su valor.

Reparaciones

Un platero puede fácilmente reparar un candelero algo curvado, pero no si es reforzado, ya que el pez o yeso blanco y la varilla de metal del interior se deberían extraer antes de llevar a cabo la reparación. Después se debe montar de nuevo, un proceso laborioso y caro. Lo mismo ocurre con los reforzados defectuosos. Además, el metal del tronco reforzado es bastante fino, con lo que resulta muy difícil repararlo con una soldadura.

El candelero extensible, o telescópico, fue una popular

innovación que se introdujo a principios del siglo XIX. Este ejemplar (arriba), fabricado en Sheffield por Thomas y Daniel Leader en 1880, mide 15,5 cm de altura cuando está extendido. Estas piezas se fabricaban sobre todo en Sheffield, y siempre según la técnica del reforzado. También se produjeron grandes cantidades de candeleros telescópicos contraplacados.
• Los candeleros telescópicos sólo se fabricaron durante unos diez años.

fecharse alrededor de 1790 por su borde fileteado, que estaba de moda en ese período. El platero ha aprovechado la base ensanchada para incluir un escudo completo en lugar de un simple blasón. La refinada calidad del candelero es

Estado de conservación

Es importante asegurarse de que el mecanismo telescópico aún funciona y que la vela se sostiene firmemente, ya que son piezas difíciles de reparar.

CANDELEROS MODERNOS 2

Candeleros del siglo XIX
A mediados del siglo XIX, los plateros buscaban su inspiración en las modas anteriores. A finales de dicho siglo solían reproducirse muchos artículos de estilos del siglo XVIII, realizando las piezas en tamaños diferentes de los de las originales. Lo mismo ocurrió con la fabricación de candelabros (pág. 29).

A finales del siglo XIX se fabricaron pocos candeleros fundidos ya que, debido al desarrollo de nuevas técnicas de producción mecanizadas, el proceso de fundición se encareció. En esta época, la decoración de los objetos era importante y laboriosa, de acuerdo con el gusto victoriano por las formas sencillas con ornamentación excesiva.

La decoración de este candelero reforzado (abajo), fabricado en Sheffield en 1815 por Kirby y Waterhouse, es relativamente restringida para ser del período Regencia. Las zonas en relieve se deben examinar a fondo ya que suelen presentar cierto desgaste.

• Las piezas estampadas son vulnerables a los daños causados por la expansión de la lámina de plata. Los ejemplares como el que se muestra arriba se deben examinar cuidadosamente, ya que pueden aparecer agujeros en la decoración.

Este lujoso candelero reforzado fue fabricado en Sheffield por Waterhouse y Hodson en 1823. Es de estilo Neorrococó, muy de moda en esa época, y casi toda su superficie lleva una decoración cincelada con múltiples volutas, follaje y flores incrustadas; el carácter ondulante de los ornamentos se ve realzado por la forma de la columna central.

Este candelero de figura (arriba) fue fabricado por la firma Elkington en 1845. Existen ejemplares similares contraplacados. Comparado con piezas anteriores, muestra una regresión hacia formas más sencillas; está decorado con hojas.

CANDELEROS

A partir de 1890 se fabricaron muchos candeleros reforzados con forma de columna y con la base cuadrada y escalonada.

El estilo clásico que interpretaron Robert Adam y sus seguidores se convirtió en una fuente de inspiración corriente para los plateros del siglo XIX. Este candelero de plata dorada (arriba) contiene muchos motivos típicos de ese estilo:
• Máscaras de carnero.
• Urnas.
• Guirnaldas de flores.

Autenticidad
Si existe cualquier señal de desgaste en la decoración, el dorado podría ser posterior y, por consiguiente, la pieza pierde valor.

Aunque la forma básica de los ejemplares modernos es constante, existen variaciones en la complejidad de los bordes, la decoración del capitel y la altura.

Coleccionismo
Estos candeleros son populares entre los coleccionistas. Como se encuentran fácilmente, se puede ser exigente con respecto a su estado.
• Observe sobre todo las esquinas para detectar daños.

Candeleros de figura
Durante la época victoriana, el taller de Charles y George Fox destacó por su producción de piezas decorativas de plata, de buena calidad. Este par de candeleros, que representan una pareja de campesinos (abajo), está muy bien elaborado; se aprecian algunos detalles finos en las faldas y en los cuerpos de las figuras.

Los candeleros de figura siguieron produciéndose durante el siglo XIX y más adelante. Entre otras variaciones, se encuentran:
• Figuras similares a las de la izquierda, pero en forma de candelabro de dos brazos.
• Otras figuras campestres, como pastores o campesinos.
• Las parejas suelen componerse de una figura masculina y una femenina, casi nunca dos idénticas.

PALMATORIAS

*Palmatoria estilo Jorge III de Ebenezer Coker,
1763; diámetro 15,5 cm; código de precios D.*

Cuestionario para identificar una palmatoria del siglo XVIII:
1. ¿Lleva la bandeja los contrastes en hilera por el reverso?
2. ¿Existen partes separables (el matacandelas y la boquilla) marcadas con los mismos contrastes?
3. ¿Son iguales los bordes de la bandeja y de la boquilla?
4. ¿Se ha hecho alguna reparación en los pies o en las asas?
5. ¿Existe algún indicio de un blasón borrado en la bandeja o en el matacandelas?

Palmatorias

Las palmatorias, empleadas para sostener una vela, se fabricaron en cantidades considerables. Las más antiguas, de finales del siglo XVII, tienen el asa plana y son excepcionalmente raras ya que en esa época casi no se fabricaban. La mayoría de las palmatorias datan de la segunda mitad del siglo XVIII, y se fueron dejando de producir a medida que se introducía la iluminación con gas. Existían asimismo juegos de palmatorias, una para cada miembro de la familia. Algunos modelos contraplacados muestran decoraciones muy trabajadas. En ocasiones llevaban incluso una pantalla de vidrio para proteger la llama del viento, pero ésta no suele conservarse. Por ser artículos de uso cotidiano, es difícil que se hallen en buen estado. Suelen encontrarse sueltas, pero en pareja tienen más valor.

Características

El borde de la bandeja de las palmatorias se ajusta al estilo del de las salvillas de la época (págs. 46-49); el borde acanalado y con conchas de la palmatoria de arriba es igual al que se encuentra en las salvillas de ese mismo período.

Estado de conservación

El matacandelas cónico, como el de la palmatoria de arriba, es particularmente vulnerable a los daños y a menudo se reemplazaba el original por uno de un estilo similar. Asegúrese de que ni el mango ni el gancho estén separados del cuerpo del matacandelas; además, es posible que la ranura del lado del platillo esté dañada.
• A pesar de que la mayoría de las palmatorias han sido extensamente utilizadas, todavía se conserva gran cantidad de piezas en buen estado.

CANDELEROS

Desde 1720, el asa de anillo o de voluta se convirtió en un elemento común; solía tener una ranura para llevar el matacandelas.

Esta palmatoria (arriba) la fabricó John White en 1727 y es una de las más antiguas que se encuentran. Está sellada en la parte superior de la bandeja, a diferencia de los ejemplares posteriores que se marcaban por debajo (en muchos casos, los contrastes se han desgastado). Como es normal, el borde se ajusta al de las salvillas de la época, es sencillo y lleva molduras lisas. Las piezas más antiguas no tenían boquilla.
• La ranura en el centro es para un matacandelas, seguramente del tipo tijera; éstos se fabricaban por separado y por plateros distintos.

Esta palmatoria fue elaborada por Paul Storr en 1828 (arriba). No suelen encontrarse ejemplares de plata dorada, por lo que esto le añade valor siempre que el dorado esté en buen estado y la decoración y los contrastes estén intactos. Si no cumple estos requisitos, es probable que se trate de un dorado aplicado posteriormente. Este complejo borde recuerda al de las salvillas de esa época.
• El nombre de Paul Storr duplica el valor de una pieza.
• Es importante que la palmatoria esté completamente sellada. A veces las palmatorias se fabricaban como parte de un juego de escribanía. En este caso, al venderse por separado, sólo estarán parcialmente marcadas y, además, serán más pequeñas de lo habitual.
• En muy raras ocasiones se encuentran palmatorias muy diferentes. En algunas de los siglos XVIII y XIX, las asas se modelaban en forma de figura inclinada.

El borde acanalado de esta palmatoria de Sheffield (arriba), de 1810, aparece en muchos artículos de plata desde 1760. Los plateros de Sheffield tuvieron que sacrificar la calidad para poder ofrecer piezas a precios más bajos que los londinenses. Como consecuencia, produjeron ejemplares como éste, que es tan ligero que ni siquiera se apoya de forma estable sobre su base. Es probable que el borde sea hueco y estampado (no de fundición), lo que también reduce su peso. Presenta indicios de una reparación en la unión entre el asa y el cuerpo. En las palmatorias posteriores, el matacandelas está sujeto al cuerpo.

A partir del último cuarto del siglo XVIII se fabricaron también palmatorias para viaje, que se desmontaban desatornillándose, o bien, como ocurre con este ejemplar, se vendían con un estuche a medida. Éste llevaba además el cortamechas, muchas veces de otro fabricante. Todos estos elementos deben llevar los correspondientes contrastes necesarios. Los servicios de viaje son poco comunes y tienen mucho valor.
• Algunos ejemplares tienen boquillas articuladas.

27

CANDELABROS

Pareja de candelabros de tres brazos de John Scofield, 1780; altura 54 cm; código de precios B.

Cuestionario para identificar candelabros:
1. ¿Están marcadas todas las piezas separables? (los brazos deben tener todos los contrastes)
2. ¿Coincide el diseño del platillo, el de los brazos y el del tronco?
3. ¿Están intactos los brazos? (los elementos reforzados son casi imposibles de reparar)
4. Si el candelabro es fundido, ¿tiene la base reforzada? (era la manera corriente de añadir el peso necesario para su estabilidad)
5. ¿Existe algún indicio de grietas por debajo del platillo o en la base del tronco?

Candelabros

Los candelabros anteriores a finales del siglo XVIII son excepcionales. Todos se ajustan a las formas y a los estilos de los candeleros. La mayoría se fabricaba en pareja, con brazos separables, fundidos o reforzados, que encajaban en la parte superior de la columna central.

Los candelabros antiguos solían tener dos brazos. A finales del siglo XVIII se fabricaron ejemplares con tres brazos, y durante el siglo XIX se pusieron de moda los de cinco brazos o más. Estas piezas de elevado precio, bastante superior al de los candeleros, se fabricaban en menor cantidad. Muchos ejemplares no han sufrido tanto desgaste y, por tanto, suelen encontrarse en buen estado.

Contrastes

Todas las partes separables (brazos, platillo y boquilla) deben llevar el contraste del platero y el del estándar de ley.

Características

Los candelabros de tres brazos (página anterior) fueron realizados por John Scofield en 1780. Miden 54 cm de altura. A medida que avanzaba el siglo XVIII, aumentaba el tamaño de estas piezas, que llegaron a su máxima altura en el período de la Regencia. Durante la segunda mitad del siglo XIX, al introducirse la iluminación con gas, su tamaño disminuyó de nuevo. La decoración es idéntica a la de los candeleros de la misma época, y el borde perlado y el tronco acanalado son característicos de finales del siglo XVIII.

Estos candelabros fabricados en 1749-1752 por John Cafe, son muy raros (abajo). El valor aumenta por su decoración trabajada, nada común en esa época.

- Si la decoración de las diferentes partes de los candelabros coincide, esto indica que los componentes forman un conjunto. Aquí, la forma de los platillos refleja la de la base, y las volutas sobre ella se repiten en la decoración de los brazos.
- En estos candelabros se pueden separar los brazos para emplear el tronco central a modo de candelero. En algunas piezas posteriores, este doble uso era imposible por ser el tronco demasiado alto y la boquilla demasiado ancha.
- Asegúrese de que los brazos estén elaborados por el mismo platero y en la misma época que el tronco. Algunos candelabros llevan brazos fabricados por distintos plateros; son ejemplares menos valiosos.

Los candelabros dorados de grandes proporciones son característicos de la época de la Regencia. Estas dos piezas (arriba) las fabricó Paul Storr para la firma Rundell, Bridge y Rundell. Si llevan el contraste correcto de Storr en todos los componentes, pueden valer hasta dos veces más que si fuesen de otro platero menos conocido. Todos los elementos deben estar sellados de forma idéntica.

Este candelabro (arriba) se fabricó en serie desde finales del siglo XIX hasta alrededor de 1914. Comparado con las versiones anteriores, este tipo de candelabro es más económico, pero sigue coleccionándose por su encanto decorativo. Se dañan fácilmente, y su reparación puede resultar difícil y costosa. Asegúrese de que no haya grietas en los brazos ni agujeros en el borde perlado.

CRONOLOGÍA DE ESTILOS

El candelero típico del siglo XVII está fabricado con lámina metálica y tiene el tronco en forma de columna. A finales de siglo se introdujeron los de fundición, que siguieron produciéndose hasta mediados del siglo XVIII, cuando se empezaron a producir candeleros reforzados, estampados en chapa.

A medida que avanzaba el siglo XVIII, los candeleros fueron aumentando en altura; comenzaron siendo relativamente bajos, 15-18 cm, y alcanzaron hasta 25 cm a mediados de siglo, y 30,5 cm a principios del siglo XIX. Los candeleros victorianos, sin embargo, eran algo más cortos, de unos 25,5 cm.

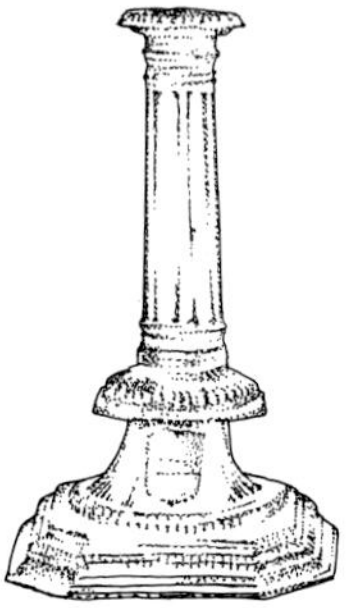

Hacia 1690

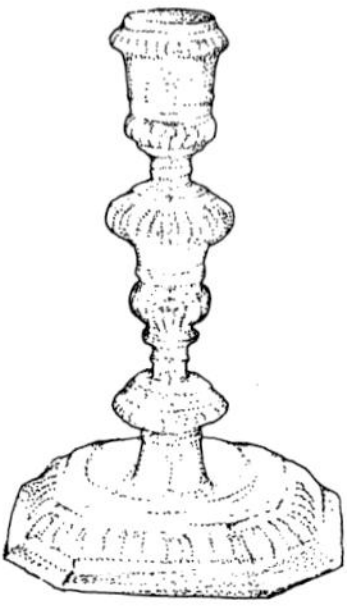

Hacia 1695

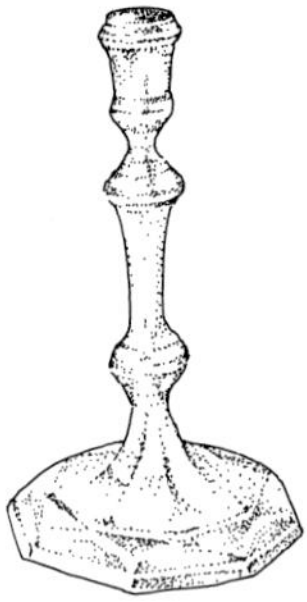

Hacia 1710

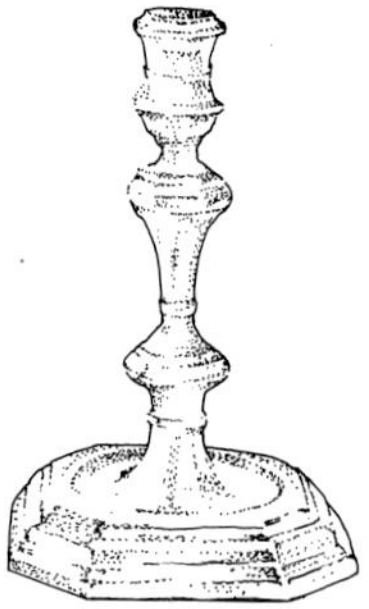

Hacia 1720

Hacia 1735

1760

CANDELEROS

La boquilla separable, que impide que la cera se derrame por el tronco, se convirtió en una característica en la década de 1740. Su elaboración y decoración suelen ajustarse en estilo al de la base.

Los candeleros cortos se fabricaron durante la época de la reina Ana. Suelen tener el estilo de los ejemplares más altos. A diferencia de éstos, casi siempre se encuentran sueltos.

Aquí se muestra una representación selectiva de los diferentes estilos de candeleros, desde el siglo XVII hasta el siglo XIX. Estos dibujos constituyen una guía muy útil para identificar y datar la gran variedad de estilos que se pueden encontrar en el mercado actual.

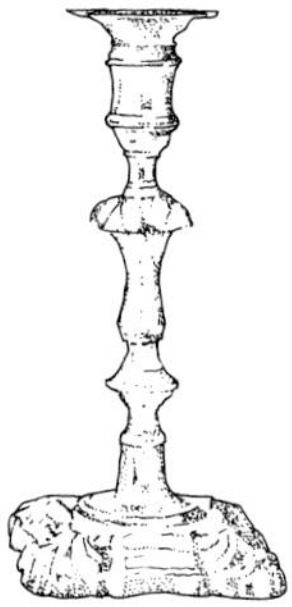

Hacia 1760

Hacia 1775

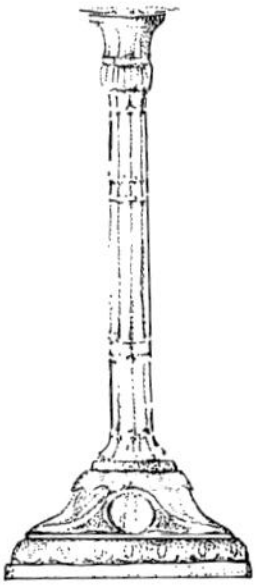

Hacia 1775

1780

Hacia 1810

Hacia 1820

SERVICIO DE MESA

Sopera con base de Paul Storr, hacia 1810.

El servicio de mesa abarca desde las valiosas soperas y los juegos de platos hasta los artículos de uso frecuente, como los saleros de mesa. En este apartado también se describen los cortamechas, que aunque no forman parte de la plata de comedor, eran fabricados en general por los mismos plateros.

El plato llano es un objeto codiciado por los coleccionistas. Se conservan numerosos modelos de principios del siglo XVIII, fabricados por entonces en gran cantidad para satisfacer la creciente demanda. El plato llano es más costoso que el sopero, a pesar de que éste no se encuentra con tanta facilidad. Dado que no se utilizaban mucho, algunos platos soperos fueron transformados en llanos. A veces, el borde del plato se cambiaba para actualizarlo al estilo del momento. Las piezas alteradas deben descartarse por sistema. Recuerde que técnicamente es ilegal tanto poseerlas como venderlas (pág. 11). Si desea coleccionar platos, los que tienen el borde con molduras acanaladas o con conchas son corrientes y fáciles de combinar, por lo que no resulta demasiado difícil lograr una vajilla completa. Los platos con el borde redondeado y de moldura lisa acanalada son más económicos y no tan fáciles de coleccionar. Los platos de estilo reina Ana tienen más valor, incluso sueltos.

Las fuentes ovaladas para carne se fabricaban en serie junto a los platos llanos redondos. Las piezas más populares son las de mayor y las de menor tamaño. Las que datan de principios del siglo XVIII son menos comunes. A partir de mediados del siglo XVIII, en ocasiones las fuentes llevaban el *mazarine*, un inserto perforado que adecuaba la fuente para servir pescados. En la actualidad, estas piezas son difíciles de encontrar y muy apreciadas entre los coleccionistas, sobre todo las de mayor calidad, que poseen un calado y un grabado muy atractivos.

SERVICIO DE MESA

La superficie de los platos y de las fuentes es siempre lisa, y los ornamentos aparecen en el borde, en forma de blasones y escudos grabados. En las salvillas y las bandejas, sin embargo, los blasones y los escudos son componentes de mayor tamaño, y en muchas piezas el grabado es magnífico. Además, es posible que la superficie entera esté decorada, con grabados o con cincelados planos, según la época. Dado que los escudos y los blasones son tan importantes en las salvillas y en las bandejas, es esencial poder identificarlos y reconocer cualquier alteración posterior, ya que éstas disminuyen considerablemente su precio.

Aparte de que tengan un blasón o un escudo de armas, las salseras de pico suelen ser lisas, aunque existen algunos ejemplares del período Rococó más trabajados, que descansan sobre una base sólida y tienen asas muy decorativas. Con la llegada del Neoclasicismo, en torno a 1770, las pequeñas salseras de pico cedieron el paso a las de tapa y a las soperas y, a partir de entonces, estas piezas solían fabricarse a juego. Las soperas son muy caras, y se debe ser muy estricto en cuanto a su calidad y a su estado.

Existen otras piezas grandes para servir, fabricadas en plata, como las fuentes para entradas. Éstas se elaboraban en pareja y sólo deben coleccionarse como tal. Es importante que las tapas no se hayan confundido entre las varias piezas de un juego, para lograr que se ajusten perfectamente.

Las angorillas son las piezas más económicas del mercado de plata de comedor. Comenzaron a fabricarse hacia 1725. Examine con sumo cuidado las que tienen botellas de vidrio, ya que son particularmente vulnerables al desgaste. Aunque las piezas grandes resultan más impresionantes, hoy en día no son muy prácticas. Los saleros de mesa y las mostaceras individuales forman parte de las dos áreas más atractivas y variadas del coleccionismo de plata, particularmente los de la época victoriana, que se fabricaban en gran variedad de formas y de tamaños. Por desgracia, el mayor enemigo de los saleros es la sal: vacíelos siempre que no estén en uso. Existen magníficos pimenteros de principios del siglo XVIII que pueden valer mucho dinero, pero la mayoría de ellos son relativamente sencillos y económicos. Recuerde que el perforado suele ser demasiado grande para la fina pimienta de hoy en día. Las mostaceras se fabricaban sueltas, pero las azucareras y los saleros se manufacturaban en pareja, y juntos tienen un valor añadido.

Finalmente, esta sección incluye la cubertería. Aquí es importante que el coleccionista halle un modelo que le parezca atractivo y en el que no resulte demasiado difícil reemplazar alguna pieza extraviada. Los cuchillos antiguos con el mango reforzado no son muy prácticos, particularmente los de la hoja de acero, ya que se oxidan con facilidad; los equivalentes modernos suponen una compra más adecuada. Es esencial adquirir cubiertos en buen estado. Deben ser pesados y de uso cómodo, además de soportar el desgaste. Los juegos completos (donde todas las piezas son de la misma fecha y del mismo platero) son los más costosos. Es posible y mucho más económico comprar conjuntos más reducidos, por ejemplo, uno de seis cucharas y seis tenedores. Cuanto mayor sea la variación entre las fechas y los plateros de un juego de cubiertos, más reducido será su precio.

PLATOS

Juego de doce platos llanos estilo Jorge III, de Paul Storr, Londres, 1804; diámetro 26 cm; código de precios A.

Cuestionario para identificar un juego de platos llanos:
1. ¿Llevan todos los contrastes en hilera por el reverso?
2. ¿Están modificados los contrastes?
3. ¿Las fechas de los contrastes corresponden al estilo del borde del plato?
4. ¿Existe un escudo de armas o un blasón? ¿Es de la misma época que el plato?
5. ¿Existe algún indicio de que el blasón o el escudo se hayan borrado?
6. ¿Hay rasguños o marcas de cuchillo en la superficie? (si no es así, los platos pierden valor, ya que seguramente se habrán pulido demasiado)

Platos llanos

Un servicio de mesa estándar comprendía seis docenas de platos llanos y dos de platos soperos, con fuentes ovaladas a juego, en cantidades que comprenden un máximo de hasta 30 (generalmente cuatro de pequeño tamaño, una pareja de tamaño mediano y algunas grandes sueltas). Los platos llanos suelen venderse por docenas. Las fuentes más populares son las de mayor y las de menor tamaño. Los platos llanos se pueden utilizar a modo de salvamanteles. Hoy en día, los platos soperos no se emplean tanto, por lo que son mucho más económicos, aunque también menos comunes.
• Los juegos de platos llanos con menos de 12 piezas tienen siempre menos valor comercial.

SERVICIO DE MESA

Formas y estilos

Con excepción de los más antiguos (1710-1720), la forma de los platos llanos ha sufrido pocos cambios, y éstos se han producido en el borde. Los más antiguos lo tienen más ancho. Con frecuencia, el borde se reemplazaba para actualizar los platos a la moda del momento. Para ello, era necesario volver a dar forma al plato. Los contrastes se aplicaban por el reverso, en una línea cerca de la depresión del borde, y cuando se alteraba el plato, era imposible no dañarlos. Asegúrese siempre de que los contrastes correspondan al estilo del borde.

El borde acanalado y de conchas de los platos de la página anterior es típico de principios del siglo XIX. Estas piezas, de borde ondulado, están más solicitadas que las de contorno circular liso y son más fáciles de combinar con otros artículos.

Estos platos llanos estilo Guillermo III de 1691 (abajo)

El tamaño de estos platos (diámetro de 23,7 cm) sugiere que son para postres (arriba). Tienen un decorativo borde fileteado que no es tan apreciado como los de acanaladuras o conchas de otros platos de la época.

son unos de los ejemplares más antiguos que se encuentran y, por tanto, más caros. Los contrastes se hallan en el mismo borde liso, por la superficie de cara. Los platos antiguos tienen un diámetro de 23,6 cm, suelen ser más pequeños que las piezas posteriores y, como no tienen el borde aplicado, pesan menos. Dado que los contrastes están tan cerca del borde, estos platos son casi imposibles de alterar.

- En ocasiones, se conoce el peso original de los platos, lo que permite descubrir posibles modificaciones del borde.
- Hasta el reinado de Jorge I, los platos llevaban un escudo de armas. Los ejemplares posteriores a este período a veces lucían un blasón.

Las fuentes se hacían a juego con los demás platos de la época, pero se pueden comprar por separado y combinar con otras piezas. Esta pieza de Paul Storr tiene un borde con acanaladuras, conchas y follaje que, aunque difiere del de los platos de la página anterior, se puede combinar con ellos. Los objetos de Paul Storr tienen en general más valor que otros, sobre todo si se trata de piezas trabajadas. Esta fuente es de 1820, pero su escudo es de 1760, lo que sugiere que se ha copiado de una pieza anterior.

- Existen muy pocas fuentes con un escudo de armas real, que formasen parte de la vajilla oficial. En consecuencia, son objetos muy buscados.

35

FUENTES PARA ENTRADAS

Fuente para entradas con tapa y hornillo de base contraplacado, de Paul Storr, 1811; diámetro 32 cm; código de precios A.

Cuestionario para identificar una fuente para entradas del siglo XIX:
1. ¿Hacen juego las piezas superior e inferior? ¿Llevan números o grupos de puntos correspondientes?
2. ¿Están enteramente marcados ambos componentes y llevan en las asas el sello del león pasante y el de los aranceles?
3. ¿Existe un escudo de armas, o al menos un blasón, que cubra una zona bastante grande de la pieza?
4. ¿Existe una zona de plata desgastada o demasiado fina, donde se hallaba posiblemente un escudo de armas?
5. ¿Encajan bien las asas?
6. En las fuentes con asas atornilladas, ¿está dañado el metal alrededor de los orificios?
7. Si tiene una hornillo en la base, ¿se encuentra en buen estado el contraplacado? ¿Hay alguna mancha de plomo debida al calor excesivo?
8. ¿Sigue intacto el compartimiento para el hornillo de base?

Fuentes para entradas

Las fuentes para entradas se empleaban para guardar comida en un aparador y para servirla en la mesa. Los modelos más antiguos, de la década 1760, solían usarse como ensaladeras y no llevaban tapa. Ésta se añadió más adelante, para poder mantener caliente la comida. Alrededor de 1780, estas fuentes siempre se producían con tapa de forma ovalada. Las piezas de esa época no son de muy buena calidad, pesan poco y suelen presentar daños en las asas de los extremos. Los ejemplares posteriores son rectangulares o con forma de almohadilla. A partir del período de la Regencia, las tapas fueron adquiriendo forma de cúpula. Estas fuentes desaparecieron alrededor de 1830, a partir de cuya fecha suelen encontrarse fuentes redondas o reproducciones de estilos anteriores.

Precauciones

Las fuentes para entradas se suelen vender por parejas, ya que sueltas su valor disminuye. Por lo general se marcaban ambos componentes con un número. Con frecuencia se encuentran fuentes en las que la tapa y el cuerpo no corresponden y, por lo tanto, tampoco encajan perfectamente.

Hornillo de base

Desde principios del siglo XIX, muchas fuentes se vendían con un hornillo de base bañado en plata, que se llenaba con agua caliente o con un trozo de hierro ardiente.

El ejemplar de esta página tiene un hornillo bañado en plata,

SERVICIO DE MESA

diseñado para albergar un quemador de gas. Muchas bases se han extraviado, pero en general esto no altera mucho el precio de la pieza principal.

Esta fuente de 1768, fabricada en pareja, se hizo originalmente sin tapa, como ensaladera; la tapa se añadió más de 2 años después, como lo demuestran los contrastes. Además, el cuerpo es algo más pequeño y ligero que el de las piezas posteriores. A pesar de tener una gran superficie lisa, la fuente sólo lleva grabado un blasón. La mayoría de las fuentes para entradas tienen un escudo; en algunos casos hay un blasón a un lado y un escudo completo al otro y, por supuesto, la fecha de ambos debe coincidir.
• Los remates de madera sólo aparecen en este tipo de fuentes para entradas antiguas; los posteriores fueron añadiendo innovaciones y decoración, a menudo en forma de algún vegetal.

La forma redonda de esta fuente para entradas (arriba) es característica de las fabricadas a finales del reinado de Jorge IV. La escala de la decoración y su considerable peso la hacen muy valiosa.

Daños
En ocasiones, la tapa se fabricaba con contraplacado para ahorrar costes. Si es así, compruebe que no se vea el cobre en los reflejos ni el plomo en la decoración de las asas; con el uso, su estado empeora. La ornamentación del modelo que se muestra arriba es demasiado compleja para que sea contraplacada. Estas fuentes no se suelen desgastar mucho, ya que son de fundición; es probable que el remate esté sujeto mediante dos tornillos, y si éstos se extraen, es difícil volver a reemplazarlos adecuadamente.

Contrastes
La base y la tapa deben llevar todos los contrastes en hilera y, a partir de 1784, también el sello de los aranceles.
• Los demás componentes separables deben llevar el contraste del platero y el león pasante.

Esta fuente para entradas estilo Jorge III (arriba) fue fabricada por Paul Storr para Rundell, Bridge y Rundell en 1811, y muestra la progresión de las tapas anteriores con borde regular a la presencia de un reborde notable. A pesar de su decoración, la tapa aún permite albergar un escudo de armas. El cuerpo tiene forma de almohadilla, no rectangular, y la tapa, forma de cúpula más pronunciada que en modelos anteriores.
• Las asas separables y muy trabajadas son diseños comunes de Storr, que aparecen normalmente en sus soperas (págs. 42 y 43).

Existen fuentes para entradas de principios de la época victoriana con un remate de composición de vegetales y con asas entrelazadas, muy trabajadas, que respondían al gusto de la época. Esta pieza (arriba) tiene un remate con forma de ciervo bajo un árbol. Se aplicaban remates similares a las soperas de la época (págs. 42 y 43). Su superficie suele ser lisa, aparte de un blasón o un escudo, como el que aparece en esta pieza.

SALSERAS DE PICO

Salsera de pico con tres pies de Smith y Sharp, 1763; código de precios D (para una pareja).

Cuestionario para identificar una salsera de pico de mediados del siglo XVIII:
1. ¿Tiene el típico cuerpo en forma de barca?
2. ¿Tiene tres pies?
3. ¿El cuerpo está hecho de una sola pieza? (por lo tanto, sin juntura)
4. ¿La decoración del cuerpo se reduce a un blasón o a un escudo?
5. ¿Sirve el borde tanto para decorar como para reforzar el cuerpo? (las de borde ondulado suelen agrietarse)
6. ¿Está bien sujeta al cuerpo el asa de volutas cerradas o abiertas?
7. ¿Están claramente definidos los contrastes?

Características

Aunque desde el siglo XVII ya se servía salsa con la comida, las salseras más antiguas corresponden al reinado de Jorge I (1714-1727). La que se muestra en esta página (arriba) es una pieza muy habitual a mediados del siglo XVIII, de cuerpo liso y bastante hondo, con tres pies y un asa de volutas. Su decoración es bastante simple; se reduce a un borde acanalado, que sirve para reforzar el canto, y a unas conchas que adornan los pies.

El desarrollo de estilos posteriores fue en gran parte determinado por consideraciones prácticas. La plata es un eficiente conductor de calor, lo que significa que el contenido se enfría rápidamente, sobre todo en las piezas con pies.

Coleccionismo

Las salseras solían fabricarse en parejas; las piezas sueltas valen entre un tercio y un cuarto del precio de una pareja.

Las primeras salseras son muy sencillas y tienen un soporte central en lugar de pies. Ésta (arriba), fabricada hacia 1724 por Joseph Clare, es del estilo más antiguo. Su cuerpo tiene forma de barco y es poco hondo, lleva asas

SERVICIO DE MESA

en dos lados y un pico en cada extremo. Como corresponde a su estilo, carece de decoración y tanto las asas como el borde son lisos. Este tipo de salseras tienen el pico mal diseñado.

Con frecuencia, la única decoración que se encuentra en el cuerpo de las salseras del siglo XVIII es un blasón o un escudo de armas. Esta pieza (arriba), de 1730, forma parte de una pareja de buena calidad. Sin embargo, el hecho de que el blasón esté rodeado por un halo indica que se borró uno anterior. Su valor oscila según el grosor de la zona rebajada.

- Los indicios de blasones borrados son más evidentes en la plata que no se ha limpiado recientemente, ya que la zona manipulada suele deslustrarse a un ritmo diferente que el resto del cuerpo. También se puede detectar empañando la zona con el aliento.

A finales del principal período de producción de salseras (hacia 1745-1765) volvieron a ponerse de moda el pie central, el cuenco hondo y el pico ancho y elevado. El borde decorativo adquirió importancia, como se puede comprobar en esta pieza de Thomas Heming (Londres, 1769). Tiene un borde bastante trabajado de acanaladuras con follaje y conchas, aplicado en el canto y alrededor del pie, y un asa de doble voluta.

Contrastes

Éstos suelen aparecer por el reverso del cuerpo en línea recta. Algunas piezas de 1770 se marcaron bajo el borde, donde suelen desgastarse por el uso. Los contrastes del pie pueden hallarse en el borde o en su interior.

Daños

Los pies de las salseras son vulnerables y pueden llegar a hundirse en el cuerpo.

Salseras modernas de pico

Las salseras volvieron a ponerse de moda tras el período de la Regencia y se siguieron fabricando durante la época victoriana. La mayoría de las del siglo XIX se hacían imitando los estilos del siglo XVIII, aunque se crearon una o dos piezas muy trabajadas y originales. Las que aparecen abajo forman parte de un juego de seis salseras fabricado por Robert Garrard en 1826; se distinguen por los pesados pies fundidos, las conchas y demás motivos de decoración plana aplicada y las asas de voluta. En el siglo XIX se fabricaron muchas salseras como parte del servicio de mesa. Las de finales del siglo XIX en adelante son, salvo raras excepciones, copias de las de mediados del siglo XVIII con tres pies.

SALSERAS CON TAPA

Salsera con tapa de finales del siglo XVIII, de Robert Sharp, 1791; código de precios D.

Cuestionario para identificar una salsera con tapa de 1775-1800:
1. ¿Es su forma elegante y refinada?
2. ¿La tapa está marcada por el reborde con el sello del platero y, posiblemente, el del león pasante y el de aranceles?
3. ¿Encajan bien la tapa y la base?
4. ¿Coincide cualquier número o punto del cuerpo con los de la tapa?
5. ¿Coincide cualquier blasón del cuerpo con el de la tapa?
6. Si la tapa tiene un remate, ¿está sujeto mediante un tornillo y no soldado? (es un signo de calidad)
7. ¿Ha permanecido el pie en su posición original?
8. Si existe decoración, ¿es relativamente simple?
9. ¿Tiene un pie como pedestal en el centro y se encuentra hundido en el cuerpo?

Salseras con tapa

Las salseras con tapa se pusieron de moda en la década de 1770. El ejemplo que se muestra arriba, fabricado en 1791, tiene una elegante forma de dos asas, muy común a finales del siglo. XVIII. Las salseras de plata siguieron en boga hasta principios del siglo XIX, cuando fueron reemplazadas por las de cerámica.

Al igual que las de pico, las salseras con tapa se fabricaban por parejas o como parte de un juego, a menudo para combinar con las soperas. Si la salsera formaba parte de un juego de piezas, suele llevar un número o una serie de puntos de identificación en la tapa que deben corresponder con los del cuerpo. Si no es así, es posible que no correspondan y ello afectaría su valor.

Decoración

La decoración de las salseras de estilo clásico era simple, generalmente limitada a un borde acanalado o fileteado, como se aprecia en este ejemplo (arriba). Se fabricaron algunas piezas más ornamentales, pero son mucho más raras y siempre más caras (v. página siguiente). El blasón o la inscripción en el cuerpo debe coincidir con el de la tapa.
• En el cuerpo de la salsera, bajo la corona de duque aparece un monograma que muestra el ilustre origen de la pieza.

Ésta pareja de salseras (pág. 41, arriba), de Makepeace y Carter (1777), tiene cuatro pies, de acuerdo con la tendencia de la época. Alrededor de 1780 surgió la moda de un único pie central (v. pág. 41, abajo). Su decoración

ns bastante recargada. Aquí, el remate separable tiene forma de granada y las asas son de voluta y follaje, con conchas en la parte superior de los pies. El borde acanalado refuerza el cuerpo de la base. Otros bordes que aparecen en las salseras del siglo XVIII son:
- De filigrana.
- Perlados.

Estado de conservación
Las partes aplicadas por separado pueden ser particularmente vulnerables a los daños. Se deben examinar:
- Los pies hundidos en la base.
- Las asas separadas de la tapadera, sobre todo si son soldadas y no atornilladas.
- Las asas agrietadas.
- Los bordes con imperfecciones.

Contrastes
Todos los componentes —la tapa, el asa y la base— deben estar marcados con el sello del platero. En el cuerpo deben aparecer todos los contrastes.

Esta salsera también es de Makepeace y Carter y fue fabricada sólo tres años después del par que aparece más arriba. Sus cuatro pies se han reemplazado por un pedestal central. La decoración de laureles y festones y el asa de cabeza de carnero con anilla son ejemplos del estilo inglés Adam, muy inspirado en el clasicismo y muy en boga durante esa época. Las piezas más económicas tienen festones cincelados; las más valiosas son de fundición y tienen la decoración aplicada. Como hay poca superficie lisa, el escudo se ha situado bajo la tapa, en la parte inferior del cuerpo.

Esta salsera (abajo), de 1796, tiene la misma forma básica que el ejemplo anterior (abajo, a la izquierda), pero es más simple. Asimismo, pesa mucho menos y originalmente era mucho más asequible. Su decoración se ciñe a un sencillo borde fileteado. Las superficies lisas como ésta se dañan con facilidad, ya que cualquier abolladura o rasguño es más visible.
- Esta pieza no tiene ningún blasón o escudo de armas, por lo que es importante asegurarse de que no se haya borrado alguno. Si la plata no ha sido manipulada, la falta de blasón no afecta el precio de la salsera.

Coleccionismo
La forma puede afectar el valor. Las más elegantes son las más buscadas por los coleccionistas. Las salseras de forma ovalada son menos comunes y valiosas.

Reproducciones
A finales del siglo XIX volvieron a estar de moda las salseras ornamentadas de cuatro pies, basadas en diseños del siglo XVII.

SOPERAS

Sopera ovoide en forma de barco, de Wakelin y Taylor, 1779; código de precios B.

Cuestionario para identificar una sopera del siglo XVIII:
1. ¿Tiene la pieza todos los contrastes por debajo?
2. ¿Los tiene también la tapa (sin el contraste de la ciudad)?
3. ¿Es el escudo de armas de la pieza original o se ha borrado uno anterior?
4. ¿Está dañado el cuerpo? (asegúrese de que no se haya hundido en la base)
5. ¿Tiene alguna decoración perlada? (si es así, la pieza es de alrededor de 1780 o de alrededor de 1860)
6. ¿Tiene las asas curvadas, el pie de pedestal y un acanalado ancho en la base?

Soperas

La mayoría de las soperas datan del reinado de Jorge III y en adelante; cualquier ejemplar anterior a 1750 es muy poco común. Solían ser muy grandes y costosas, y sólo podían adquirirlas las familias adineradas. Las más solicitadas son las de forma ovalada, aunque también existen de forma oblonga y circulares. A finales del siglo XVIII, las salseras con tapa (págs. 40 y 41) se hacían a juego con las soperas, pero hoy en día es difícil adquirirlas juntas. Las asas de las soperas suelen ser más decorativas que las de las salseras. Las primeras soperas fueron fabricadas individualmente, pero algunas posteriores se hicieron en pareja. Casi todas provienen de Londres. En el período Rococó, entre las décadas de 1720 y 1750, aparecieron soperas muy trabajadas con decoraciones de peces y conchas. El período de la Regencia también generó creaciones ornamentales similares, que en algunos casos tenían motivos egipcios, inspirados en las campañas de Napoleón.

Recipientes internos

Las soperas de forma alambicada se fabricaban en ocasiones con un recipiente interno, a menudo de plata inglesa. Estos recipientes internos de plata se venden a veces como cestas de dulces del siglo XVIII, pero es posible identificarlos ya que suelen carecer del contraste de la ciudad.

Contrastes

El cuerpo de la sopera debe llevar todos los sellos, y la tapa sólo la cabeza de leopardo, el del platero y la cabeza del soberano.

SERVICIO DE MESA

Esta sopera (arriba), realizada hacia 1750, de forma ovalada y con asas laterales, es de las más antiguas que se encuentran y se produjo con variaciones hasta 1770. Los ejemplos iniciales, como éste, tienen cuatro pies y un remate en forma de capullo que le da un atractivo toque. Posee decoraciones de flores, vegetales, crustáceos y otros animales.

Precauciones
El cartucho, muy trabajado, rodea un blasón posterior a la pieza en sí; por lo tanto, asegúrese de que no tenga una zona más delgada, donde se pueda haber borrado uno anterior.

Esta sopera de 1809 es característica del trabajo de Paul Storr, aunque es un poco menos trabajada que otras de sus piezas. El pie central se reemplazó por cuatro pies en el siglo XIX. Entre sus características más comunes destacan:

- Las máscaras de león en las asas y en el remate.
- Los pies de delfín.
- El decorativo escudo de armas.

Inscripciones
La inscripción de la pieza anterior (abajo, a la izquierda), conmemora la conquista de Java en 1811 y proporciona a la pieza un interesante contexto histórico que aumenta su valor. Otras inscripciones de índole personal devaluarían la pieza.

Bases
Esta pieza se podría haber fabricado con una gran base de dos asas unida al cuerpo mediante tornillos, por la parte inferior de los pies. Si los pies de una sopera tienen agujeros, ésta debería estar acompañada de una base. Con la base aumenta considerablemente el precio de la sopera, pero es difícil encontrarlas juntas.

Daños
Los pies de las soperas suelen ser inadecuados para el tamaño y el peso de la pieza, y es posible que se hundan en el cuerpo.

Los remates de las piezas de finales del siglo XIX no suelen ser separables y, como la tapa puede ser muy liviana, en ocasiones la plata se puede dañar o romper.

La pareja de soperas con forma de melón, de alta calidad, que se muestran abajo fueron corrientes en las décadas de 1830 y 1840. Los remates cincelados, en forma de alcachofa y de chalote, son de fundición y posiblemente reflejan algunos de los ingredientes de la sopa. Algunos ejemplares más raros tienen un remate heráldico. La bandeja de la base afecta su peso, su efecto decorativo y también su precio. Además, esta pieza forma parte de una pareja y es obra del conocido platero Robert Garrard.

- La base debe llevar los mismos contrastes que la sopera.

43

CORTAMECHAS Y BANDEJAS

Cortamechas y bandeja de James Gould, 1732; código de precios D (para el juego).

Cuestionario para identificar un cortamechas y una bandeja del siglo XVIII y del siglo XIX:
1. ¿Lleva la bandeja todos los contrastes por el reverso de la base (uno en cada esquina)?
2. Si hay un cortamechas, ¿lleva los contrastes a ambos lados?
3. ¿Son la bandeja y el cortamechas de la misma fecha? (cuanto más se acerque su fecha de fabricación, mejor)
4. Si cada componente lleva un blasón, ¿coinciden éstos?
5. ¿Se ha borrado el blasón de alguno de los componentes?
6. ¿Conserva aún la punta el cortamechas? (cualquier alteración reduce su valor)
7. ¿Presenta algún tipo de desgaste el eje del cortamechas?

Cortamechas

Los cortamechas con forma de tijera se empleaban para cortar las mechas que no se habían quemado del todo. Se fabricaron en gran número, puesto que las velas con mecha de autoconsumo no aparecieron hasta el siglo XIX. Los cortamechas con bandeja que se encuentran hoy en día datan de principios del siglo XVIII. Aunque se vendían como juegos, la mayoría de los cortamechas y las bandejas no eran obra del mismo platero; el juego que se muestra arriba es una excepción. En general, las bandejas fueron elaboradas por los fabricantes de candeleros (págs. 26 y 27), mientras que otros especialistas hacían los matacandelas. Con excepción de algunos ejemplares de principios del siglo XVIII con el mismo soporte vertical que los candeleros (v. página siguiente), pocos cortamechas conservan aún el soporte original. Su diseño varió poco entre los siglos XVIII y XIX. Algunos cortamechas se idearon para retener la mecha cortada en su interior.

Coleccionismo

Las bandejas de los cortamechas son coleccionables por sí mismas, ya que la mayoría de ellas están bien fabricadas y suelen conservarse en buen estado. Exceptuando las de tipo candelero, casi todas son relativamente económicas. Durante el siglo XIX, los cortamechas se empezaron a fabricar con contraplacado y no de plata; estos ejemplares abundan y son poco costosos. Los cortamechas de plata son mucho más raros.

El tipo de soporte para cortamechas más antiguo, del siglo XVIII, tiene forma de

SERVICIO DE MESA

candelero. Esta pieza (arriba) fue fabricada por Matthew Cooper en 1729, aunque su diseño fue más común entre 1710 y 1715. Seguramente se fabricó en una fecha posterior para reemplazar un soporte desaparecido o para hacer juego con un par de candeleros. Los matacandelas de este tipo son muy raros y los más valiosos que se encuentran.

Los contrastes dispuestos en cada esquina de la superficie principal de esta bandeja (arriba) suelen encontrarse en el reverso. A pesar de su reducido tamaño, este ejemplar, que data de 1714, lleva un escudo de armas grabado en el centro. Es de construcción maciza y de forma octogonal, lo que aumenta su demanda y su precio. Cualquier escudo de armas en el cortamechas debe corresponder al de la bandeja.

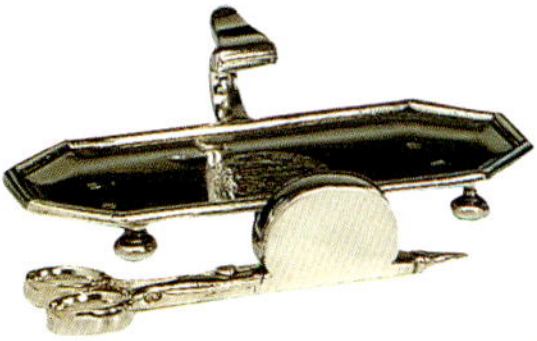

Creada en 1753 por John Cafe, un prolífico platero de la época, esta bandeja para cortamechas (arriba) tiene el característico borde de conchas y volutas que se encuentra en las salvillas de ese período (págs. 46-49). Es maciza y tiene unos pies voluminosos. Este tipo de bandejas solían decorarse con cincelado plano.

Las bandejas ovaladas y lisas, como la pareja que se muestra más abajo fabricada por Paul Storr en 1809, se venden en ocasiones como bandejas para plumas o para cortamechas, ya que no existe ninguna diferencia que las distinga. Las bandejas de esta época no suelen tener pies, pero sí un asa en cada extremo. Suelen estar decoradas con el suntuoso borde acanalado, típico del período de la Regencia.

• Los cortamechas son de James Scott (Dublín, 1810), y tanto éstos como la bandeja comparten el mismo blasón, lo que demuestra que hacen juego.
• Paul Storr es uno de los plateros más conocidos del período de la Regencia, y cualquier bandeja con su contraste aumenta en valor.
• La bandeja de la izquierda tiene una pequeña abolladura. Sin embargo, puede eliminarse con facilidad y, por tanto, no afecta demasiado su precio.

Precauciones
Las bandejas con esta forma a menudo se transforman en piezas más costosas, como escribanías. Sin embargo, las alteraciones no llevan los mismos contrastes en todos los componentes.

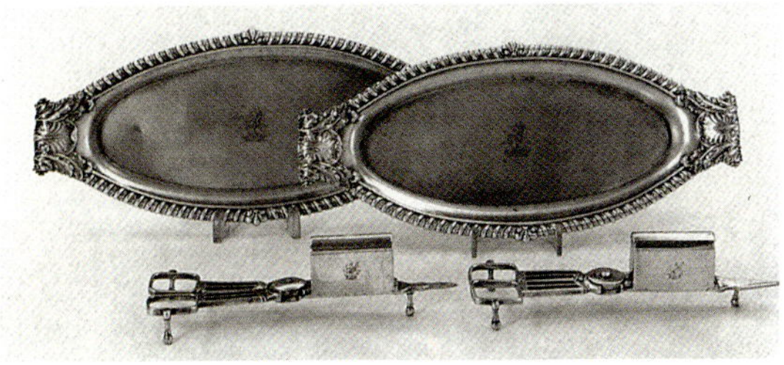

45

SALVILLAS 1

Salvilla de plata de Robert Abercromby, 1745; diámetro 38 cm; código de precios B.

Cuestionario para identificar una salvilla del siglo XVIII:
1. ¿Lleva todos los sellos en hilera por debajo de la base?
2. ¿Es original el escudo de armas?
3. ¿Es la decoración cincelada (década de 1740) o grabada?
4. ¿Es el borde de molduras, aplicado o fundido?
5. ¿Es de plata maciza?
6. ¿Se ha mantenido el borde en buen estado, sin grietas?
7. ¿Tiene tres pies fundidos y no uno solo central?

Salvillas

Las salvillas más antiguas que suelen encontrarse son las de finales del siglo XVII. Se empleaban para presentar y servir comida y bebidas. Tenían un pie central en forma de trompeta, parecido a una taza, pero durante al reinado de Jorge I (hacia 1714), éste se sustituyó por tres pies o más de menor tamaño. La mayoría de las salvillas son ovaladas o circulares. La que se muestra arriba es de 1745. Las salvillas de formas atípicas, como las cuadradas o las de ocho cantos (octogonales con lóbulos) son muy valiosas.

¿Bandejas o salvillas?

Durante el siglo XVIII, los términos salvilla y bandeja se empleaban indistintamente. En la actualidad, se consideran bandejas las piezas con asas en ambos lados (págs. 50 y 51). Sin embargo, existen algunos ejemplos de grandes salvillas rectangulares que se han vendido como bandejas.

Coleccionismo

Cuando compre una salvilla, tenga en cuenta que el precio depende principalmente de su tamaño, de su peso y de su estado en general.

Las salvillas elevadas sobre un pie central, como ésta (pág. 47, arriba), sólo se cotizan si tienen el sello del león pasante o el de la cabeza de leopardo desdibujado (si son del período Britannia). La

SERVICIO DE MESA

mayoría de las salvillas tienen el borde acanalado, estampado o fundido. En ocasiones el pie está atornillado, y los mejores ejemplares están decorados con motivos de recorte.
• Su valor depende en gran medida de su tamaño y calidad.

Alteraciones
En ocasiones, el pie central de algunas salvillas se reemplazaba por tres más pequeños. Esta alteración ilegal reduce considerablemente su precio, y suele ser fácil de detectar observando el reverso.

Decoración
La mayoría de las salvillas tenían un blasón o un escudo de armas grabado dentro de un cartucho decorativo. El que aparece en la pieza de la página anterior es formal, barroco y poco usual para ese período. Los motivos heráldicos de este tamaño, si son originales, pueden ayudar a fechar la pieza (págs. 14 y 15).

Las salvillas cuadradas con cuatro pies eran comunes alrededor de 1730. Esta pieza fue fabricada por el conocido platero Robert Abercromby en 1732. En las superficies lisas y planas como ésta, los desperfectos son fácilmente visibles. El punto en el que la base se une al borde es propenso a las grietas y debe examinarse a conciencia.

Precauciones
Muchas salvillas del siglo XVIII se redecoraron durante el período victoriano. El cincelado suele ser más ancho y el estilo de decoración de mayor relieve, con motivos más trabajados que los del siglo XVIII. En las salvillas de ese siglo los contrastes se aplicaban tras la decoración, con lo que se superponen a ésta por el reverso. Si posteriormente se cincelaba la pieza, los contrastes quedaban integrados en la decoración.

Bordes
Durante algunos años a mediados del siglo XVIII, se pusieron de moda las salvillas con el borde fundido. Éste se fabricaba en secciones por separado y después se soldaba al cuerpo, que debe llevar los contrastes. Los bordes de fundición añaden más peso a la pieza y son difíciles de dañar.

Las salvillas grandes, como ésta de William Cripps (arriba), de 1764 (diámetro de 66 cm), se reforzaban con madera. Aunque este modelo tiene un atractivo cartucho con pagodas y flores chinescas, su escudo fue reemplazado, por lo que su precio ha disminuido considerablemente.

SALVILLAS 2

La decoración de conchas y volutas de esta salvilla de John Carter (Londres, 1767) se desarrolló a partir del sencillo borde de molduras (pág. 46). La misma ornamentación también fue corriente durante la época victoriana, aunque era algo más trabajada y realzada con una ancha cenefa cincelada sobre el fondo mate.

Bordes
Es interesante poder distinguir entre el cincelado del siglo XVIII (pág. 46) y el de estilo posterior, más ancho (pág. 49).

Las formas simples, adornadas con bordes perlados, como en este ejemplo (arriba) o de filigrana, se pusieron de moda a finales del siglo XVIII. Esta salvilla de Hester Bateman fue fabricada en 1784 y tiene un borde fundido, muy corriente en su época. También son característicos su tamaño (diámetro de 45,6 cm) y su peso. La cenefa interior perlada suele ser de estampación y es bastante vulnerable. En ocasiones aparecen orificios en las perlas.

Esta salvilla (arriba) fue fabricada en 1789 John Scofield, un famoso y reconocido platero. Varias características incrementan su valor:
• El atractivo grabado de lustre.
• El borde particularmente decorativo y atípico que incluye un dibujo aplicado de punta de hoja (en la época, eran más comunes el perlado y el fileteado).
• Un escudo original con un marco de grabado de lustre.
• Su gran tamaño (diámetro de 46 cm) y su peso (2,7 kg).
    El escudo en forma de corazón que rodea las armas es característico de esta época.

SERVICIO DE MESA

Salvillas de estilo Regencia

Peso y calidad son sinónimos en las salvillas de estilo Regencia. El cincelado es común y muchos ejemplares tienen el borde ancho y los pies de garra.

Esta salvilla repujada del estilo Regencia tiene un elevado coste porque fue realizada por Paul Storr, un célebre platero de la época. Otros factores que influyen en el precio de una salvilla son:
• Decoración: los bordes de fundición son muy solicitados.
• Tamaño: las salvillas grandes son raras y muy buscadas.
• Juegos: existen parejas y juegos de varias piezas. Una pareja cuesta más del doble que una pieza suelta, y su precio aumenta con los años.

La salvilla de estilo Regencia que se muestra abajo fue fabricada en pareja por William Burwash en 1812. Posee varias características del período:
• Borde acanalado con conchas.
• Mantelete que rodea el escudo de armas.
• Pies de garra.
• Un peso elevado en relación con su tamaño: 40 cm de largo y 3,8 kg.

Escudos borrados

Los escudos borrados o superpuestos reducen considerablemente el precio de una salvilla. Ocurre lo mismo si difiere el estado de desgaste del cartucho y del escudo. Tanto en las bandejas (págs. 50 y 51) como en las salvillas es difícil eliminar el grabado sin dejar un hundimiento notable en el metal. La forma de disimularlo es martilleando por el reverso. En algunas salvillas se extraía el escudo de armas y después se reemplazaba el trozo de plata entero. Esto es difícil de percibir en la parte frontal, ya que el contorno del cartucho oculta la línea de soldadura. Sin embargo, es visible por el reverso, a no ser que posteriormente se haya bañado la pieza en plata.

Fabricada en 1828 por Edward Barnard e Hijos, esta salvilla de ornamentación muy trabajada, con un borde fundido y una ancha cenefa de flores, refleja la recargada decoración común en el siglo XIX. El escudo es algo pequeño, quizá debido a la falta de espacio.

BANDEJAS

Bandeja ovoide para té de Hannam y Crouch, Londres, 1806; longitud 68 cm; código de precios E.

Cuestionario para identificar una bandeja de finales del siglo XVIII y principios del XIX:
1. ¿Aparecen bajo la base los múltiples contrastes en hilera?
2. ¿Se ajusta la proporción de los pies a la del cuerpo?
3. ¿Existe un blasón o un escudo de armas?
4. ¿Coinciden en estilo el borde y el período de la bandeja?
5. Si existe una cenefa grabada, ¿corresponde su estilo a la fecha de la pieza?
6. ¿Están los pies hundidos en la superficie plana de la bandeja?

Bandejas

Las bandejas, a diferencia de las salvillas, suelen tener asas. Sin embargo, en la primera mitad del siglo XVII se fabricaron algunas grandes piezas rectangulares sin asas, pero con un refuerzo de caoba por el dorso para soportar el peso. Existen pocos ejemplares anteriores a 1780, y la mayoría de ellos son de forma ovalada. Las bandejas suelen ser más grandes que las salvillas y, conforme se extendía la costumbre de tomar té, ganaron popularidad. Solían fabricarlas los mismos plateros que elaboraban las salvillas. Entre los más conocidos se encuentran Hannam y Crouch, que fabricaron la que se muestra en esta página (arriba), y Emes y Barnard. El estilo del borde se ajusta al de las salvillas (págs. 46-49) y, al igual que éstas, las bandejas suelen tener pies. Para poder soportar el peso del metal, los pies deben ser macizos.

A partir de 1790 se fabricaron bandejas como la que se muestra arriba, sin demasiadas variaciones. La característica forma del escudo con la parte superior puntiaguda fue particularmente común durante el siglo XIX. La cenefa grabada también es típica de esta época; las piezas anteriores tenían una en grabado de lustre.

Motivos heráldicos

Casi todas las bandejas tienen grabado un escudo de armas, un blasón o una inscripción; cualquier pieza sin un motivo central se considera sospechosa. Si se ha borrado un blasón del centro, aparece un hundimiento evidente en el metal, y el precio de la bandeja se reduce. Éstas piezas suelen ser suficientemente gruesas para que el hundimiento quede oculto si se martillea por el reverso. En ocasiones, esta tara resulta más evidente al tacto que a la vista.

El sencillo borde fileteado de esta bandeja (pág. 51, arriba), de Thomas Robins (Londres, 1795) era común alrededor de 1790. Esta bandeja posee dos características que la devalúan:

SERVICIO DE MESA

- La falta de decoración grabada.
- El escudo no es original; se ha añadido dentro de un cartucho anterior, cortando cuidadosamente alrededor del grabado original.

La bandeja que se muestra abajo es un modelo típico del siglo XIX; tiene un escudo de armas de la época y una decoración muy trabajada con follaje y un mantelete. La considerable ornamentación adicional que rodea las asas es una característica apreciada, ya que refuerza la resistencia de la bandeja y, además, es una prueba de que las asas no se han añadido posteriormente.
- Pocas bandejas llevan sólo un blasón, ya que la decoración con cartuchos con escudo de armas es más adecuada.
- A partir de principios del siglo XIX, la costumbre de tomar el té o el café en compañía fue ganando popularidad y, como consecuencia, fueron necesarias bandejas más grandes. Es difícil creer que algunas de ellas fueran realmente manipulables con un servicio de té completo encima.

Una variante de la bandeja estilo Regencia muy popular a finales del siglo XIX fue la de galería, fabricada de plata y contraplacado con un borde bajo, calado a modo de reja y rematado con un diseño acanalado o un filete fino. Aunque para ciertas aplicaciones era más práctica, el asa lateral confería cierta inestabilidad al diseño.

Las formas cuadradas, la decoración cincelada y los bordes repujados fueron típicos durante el reinado de Guillermo IV y auguran ya el estilo victoriano.

Esta bandeja estilo Guillermo IV (arriba), fabricada por Joseph y John Angell (Londres, 1835) tiene un lujoso borde de follaje, volutas, conchas y antemios, e incorpora además un cincelado plano en su ancha cenefa de follaje, fruta y volutas. Comparada con los ejemplos anteriores mostrados en estas páginas, casi no existe una zona lisa de superficie. Las piezas de esta época suelen ser grandes (ésta mide 71 cm de longitud) y tienen una gran demanda.

Precauciones

En ocasiones, se añaden asas a una fuente de carne y se vende como bandeja; estas piezas pueden identificarse por la falta de pies y porque las asas no forman parte del cuerpo.

ANGARILLAS

Angarillas de Warwick, 1749; altura 30 cm; código de precios B.

Cuestionario para identificar unas angarillas de mediados del siglo XVIII:
1. ¿Aparecen los contrastes por debajo de la base?
2. ¿Son visibles los mismos sellos en las botellas, en los especieros y en las tapas?
3. ¿Lleva el asa al menos los contrastes del león pasante y del platero?
4. Si hay un blasón, ¿es el mismo en los especieros y en el marco?
5. ¿Hay algún desperfecto en el calado de los especieros?
6. ¿Están intactas las botellas y son todas del mismo tamaño?
7. ¿Está en buen estado el asa?

Angarillas

Las primeras angarillas se fabricaron alrededor de 1720. Las de Warwick (arriba) poseen un juego de tres especieros (para sal, mostaza y pimienta) y de dos botellas de vidrio (para aceite y vinagre). A finales del siglo XVIII, el número de elementos de un juego aumentó hasta ocho o incluso diez. Originalmente, se colgaba del cuello de las botellas una placa en forma rectangular o de media luna. Tanto la forma de éstas como la de los especieros varía según la época de fabricación; en este juego son piriformes, algo muy común antes de que se pusiese de moda la forma de balaustre.

Contrastes

El cuerpo de cada elemento debe llevar un juego completo de contrastes; el asa también debe estar marcada en parte. Antes de 1784 no solían marcarse los soportes de las botellas.

Precauciones

Algunas asas se han transformado en tenedores para tostadas; si uno de éstos no

SERVICIO DE MESA

lleva todos los contrastes, se aconseja examinarlo minuciosamente.

En el tercer cuarto del siglo XVIII, las botellas de aceite y de vinagre se fabricaban con asas decorativas y tapas articuladas, normalmente un reborde para mantener fijas las botellas. Las asas deben llevar también los contrastes.

Botellas

Las botellas y sus soportes se separaban, y hoy en día se venden sueltos, unas y otros. Asegúrese siempre de que todo el conjunto haga juego. Otros factores que ha de tener en cuenta son:
• Desperfectos en las botellas, como melladuras o grietas, que reducen su valor y suelen ser muy caros o imposibles de reparar.
• Botellas de diferente altura; esto puede indicar que se ha limado una melladura en el cuello, lo que reduce su precio.

Estas angarillas macizas (abajo) fueron fabricadas en 1825. En esa

y los recipientes solían ser de vidrio. El calado, como el de estas piezas creadas en 1773 por Thomas y Jabez Daniell (arriba), debe examinarse con suma atención. Los pies son especialmente vulnerables, ya que suelen soportar mucho peso.

Durante la última década del siglo XVIII se fabricaron este tipo de angarillas en grandes cantidades. Dado que la plata

época, el conjunto sólo incluía una bandeja con un asa central y las botellas. Comparada con la variante de finales del siglo XVIII (izquierda), los pies son bastante más resistentes y fuertes. Algunas bandejas de las angarillas de este tipo se decoraban con blasones o escudos de armas.
• Todos los componentes —la base, el marco, las tapas y las asas (si son separables)— deben llevar los contrastes correspondientes.

Coleccionismo

Las angarillas tienen cierta demanda entre los coleccionistas. Hoy en día suelen considerarse piezas de vitrina, no funcionales. Los ejemplares de Warwick se encuentran entre los más buscados, y las angarillas atípicas tienen más valor. Las piezas macizas, como la de arriba, también están muy solicitadas, en especial si son de un platero reconocido. Las piezas dañadas y las de menos calidad tienen precios más asequibles.

empleada solía ser delgada y de baja calidad, hoy en día casi no se encuentran ejemplares en buen estado. El peso de las botellas de vidrio tallado suele dañar los pies, lo cual disminuye considerablemente el valor de la pieza. En las cestas de este tipo hay

SALEROS DE MESA

Salero de mesa estilo Jorge II, de Edward Wakelin, Londres, 1748; diámetro 8 cm; código de precios D.

Cuestionario para identificar un salero de mesa de mediados del siglo XVIII:
1. ¿Están los contrastes agrupados en el reverso de la base?
2. ¿Está el cuerpo libre de la corrosión causada por la sal?
3. ¿Están los pies en buen estado?
4. ¿Se apoyan adecuadamente los cuatro pies sobre la mesa?
5. ¿Encaja bien el recipiente interior de vidrio?
6. ¿Forma parte de una pareja o de un juego? (las piezas sueltas son menos apreciadas)
7. ¿Tiene aplicada alguna decoración al cincel?

Saleros de mesa

Los grandes saleros de mesa de la época isabelina poco tienen que ver con los actuales. Son piezas hoy en día muy caras y casi no se encuentran en el mercado. Se produjeron en grandes cantidades a partir del siglo XVIII, en parejas o en juegos de varios. Hasta la época victoriana no se fabricaron para combinar con otros recipientes de condimentos, como la mostaza, aunque a finales del siglo XVIII se crearon algunos ejemplares calados a juego con las mostaceras.

Coleccionismo

El ejemplo que se muestra arriba es el tipo de salero de mesa más común del siglo XVIII. El reborde de moldura acanalada y los pies encabezados por máscaras de león aumentan su valor. Los festones florales son de fundición y están aplicados al cuerpo, lo que aumenta considerablemente su peso. Además, su valor se incrementa por el grosor del metal; los saleros pesados están particularmente solicitados, ya que la sal es una sustancia muy cáustica que puede causar agujeros en el metal. Las piezas fabricadas con metal de mayor calibre duran más tiempo.

Estado de conservación

El estado de la pieza es particularmente importante en la compra de un artículo de este tipo. La sal no se debe dejar nunca dentro del salero. La única manera de proteger la plata contra la corrosión es aplicando un baño de oro en su interior o insertando un recipiente de vidrio. Sin embargo, incluso con este recipiente, la sal que se filtra por los lados corroe el metal bajo el vidrio. Las corrosiones leves se pueden erradicar cubriendo la mancha con amoníaco. Si al hacerlo el líquido

SERVICIO DE MESA

se torna azul, significa que el tratamiento funciona. Los casos más graves sólo pueden ser reparados por un platero. Si se ha pulido la pieza para combatir la corrosión, la base será delgada y los contrastes se habrán desgastado.

Este salero antiguo (abajo) es bastante común y data de 1693.

Las piezas del siglo XVII suelen ser pesadas y se han conservado en buen estado. En ocasiones se venden juegos grandes de saleros, lo que sugiere que, antaño, en lugar de utilizarse un recipiente común, cada persona tenía uno propio en la mesa. Esta pieza pertenece a un juego de seis.

Este tipo de salero sin pie (arriba) era común aproximadamente entre 1700 y 1720; existen rectangulares, circulares o, como éste, octogonales. La superficie suele ser lisa, pero en ocasiones el lado se adornaba con un blasón. Evite las piezas con el cuenco desgastado o grietas en las junturas.

Los saleros de cuatro patas con el cuerpo calado se fabricaron en grandes cantidades hacia 1770, a veces con mostaceras a juego.

Siguen encontrándose y, según su calidad, son relativamente baratos. Este ejemplar (abajo, a la izquierda) está en bastante buen estado y tiene un atractivo reborde ondulado (como el recipiente interior) y pies de garra y bola, de buena calidad.

• Examine bien este tipo de saleros porque suelen agrietarse en el borde, el calado y los pies. Este elegante salero de mesa de 1790 presenta varias características que aumentan su valor:
• Un atractivo cuerpo acanalado.
• Forma octogonal.
• Asideros en los extremos.
• Interior dorado (se puede usar sin recipiente).

Un aspecto negativo de este tipo de saleros es un punto débil en la unión entre el cuerpo y el pie.

Contrastes

Los saleros suelen marcarse en hilera por el reverso. En ocasiones los contrastes están muy desgastados. Las piezas del siglo XVIII suelen llevarlos en las esquinas o en hilera.

Estos platillos en ocasiones se venden sueltos como platos de postre. Éste en concreto es un salero de mesa del siglo XVIII sin su recipiente interior de vidrio. Estos artículos suelen encontrarse en buen estado y son muy bonitos si incluyen el recipiente de vidrio. Sin él son menos interesantes.

PIMENTEROS

Pimentero de Samuel Wood, 1761; altura 15 cm; código de precios B.

Cuestionario para identificar un pimentero del siglo XVIII:
1. ¿Aparecen los contrastes agrupados bajo la base?
2. ¿La tapa lleva también contrastes?
3. ¿Ha permanecido intacto el calado?
4. ¿Está el remate en buen estado y sin reparaciones?
5. ¿Existe algún escudo de armas? ¿Es original?
6. ¿Parece segura la unión entre el pie y el cuerpo?
7. ¿Es alto y tiene la típica forma de pera?

Pimenteros

Los especieros se fabricaron a partir del siglo XVII, generalmente en juegos de tres, uno grande y dos pequeños. El mayor estaba destinado al azúcar, y los otros dos a la pimienta. En ocasiones se encuentran especieros pequeños, para la mostaza en grano, con un diseño grabado en la tapa, pero sin calado. Como el grano de la mostaza no se molía, para servirla se debía abrir la tapa del especiero. Hacia finales del siglo XVIII, los especieros fueron sustituidos por las angarillas (págs. 52 y 53). Hoy en día se coleccionan tanto las piezas sueltas como los juegos completos, que tienen más valor.

La pieza que se muestra en esta página es de Samuel Wood (1761), un célebre y prolífico fabricante de especieros. La altura y la forma de los especieros permanecieron prácticamente inalteradas durante casi todo el siglo, aunque el pie fue ganando en altura. Este ejemplar tiene dos características que aumentan su valor:
• El calado y el grabado altamente decorativos de la tapa.
• El escudo original.

Contrastes

Tanto el cuerpo como la tapa deben llevar contrastes. En el

SERVICIO DE MESA

cuerpo, éstos suelen aparecer agrupados por debajo de la base, aunque los más antiguos y los de finales del siglo XVIII en ocasiones se sellan en hilera en el mismo cuerpo. La tapa suele marcarse con el león pasante y posiblemente con el contraste del platero. Hay que desconfiar de las tapas sin ningún contraste.

El especiero con forma de faro adquirió popularidad a principios del siglo XVIII. La tapa se une al cuerpo mediante un cierre de bayoneta, en el que dos pestañas sujetas por un alambre en el canto se giran para mantenerla en su sitio. Este ejemplar (arriba) fue fabricado por John Smith en 1703. Los pimenteros antiguos suelen ser muy pesados y de aspecto macizo, ya que la pimienta era cara y merecía un buen recipiente. Esta pieza vale mucho más que la de la página anterior.

Dado que los pimenteros de forma octogonal son muy decorativos y más antiguos y raros que los circulares, suelen tener más valor. Este modelo (arriba), de 1718, fabricado por Charles Adam, estaría muy solicitado si estuviese en venta; en perfecto estado cuesta un 50 % más que uno circular. Las marcas de la tapa deben hallarse en el canto biselado.

La plata irlandesa es muy apreciada por los coleccionistas, no sólo en Irlanda, sino en todo el mercado internacional. Este robusto pimentero de cocina (arriba) fabricado por William Clark de Cork está muy buscado. Los pimenteros de este tipo se denominan «de cocina» porque su asa permite condimentar fácilmente la comida. Los ejemplares que tienen esta forma tan simple datan de antes de 1730 y son relativamente escasos. Otros poseen tapas caladas más decorativas.

Los pimenteros abombados, con tapa en forma de cúpula, se produjeron durante el siglo XVIII. Este ejemplar (arriba), de 1731, es de John Gamon, un prolífico platero. Los pimenteros abombados suelen ser más pequeños que los demás, miden unos 7,5 cm y son más baratos.
• Estos pimenteros suelen llevar los contrastes en el calado. Como la tapa no tiene bisel, se desprende con facilidad; muchos ejemplares no conservan la original. En este caso es mejor rechazar la pieza.

57

MOSTACERAS

*Mostacera octogonal con grabado de lustre,
1792; código de precios E.*

Cuestionario para identificar una mostacera de finales del siglo XVIII:
1. ¿Lleva el cuerpo un juego completo de contrastes en hilera?
2. ¿Aparecen en la tapa el contraste del platero y el león pasante?
3. Si es posterior a 1784, ¿aparece también el sello de la cabeza del soberano?
4. ¿Encaja bien el recipiente interior?
5. ¿Ha permanecido intacto el remate?
6. ¿Está la bisagra en buen estado?
7. ¿Parece más fina la plata del lado o de la tapa que la del resto del cuerpo? (puede indicar un blasón borrado, lo que reduce el valor de la pieza)

Mostaceras

La mostaza era un condimento seco que se servía en especiero (pág. 56) hasta mediados del siglo XVIII. Las mostaceras adquirieron popularidad entre 1765 y 1770. Las más antiguas llevan un recipiente de vidrio, más fácil de lavar que la plata. Estos recipientes se fabricaban como piezas individuales, en distintas formas y tamaños. Los juegos de mostacera, salero y pimentero no se fabricaron hasta finales de la época victoriana. Algunos juegos se encuentran con un atractivo estuche original, que incrementa su valor.

Coleccionismo

Las mostaceras son una pieza común de coleccionismo y sus precios varían según la popularidad de su estilo. Las octogonales, como la que se muestra en esta página, son más valiosas. Además, la decoración de grabado de lustre aumenta su precio. También son muy solicitados los recipientes con forma antropomorfa y los más raros, que se venden a precios excepcionales (v. página siguiente).

Contrastes

El cuerpo debe llevar un juego completo de contrastes en hilera,

SERVICIO DE MESA

agrupados en la base o en una curva por la parte inferior. Las tapas deben mostrar el sello del platero y el del león pasante. A partir de 1784, también se marcaban con la cabeza del soberano.

Recipientes interiores

El recipiente original tiene en la base una estrella grande. En muchas piezas se ha reemplazado, pero, si encaja bien, se considera una modificación aceptable que no afecta demasiado el precio.

Cucharas

Las cucharitas para la mostaza y las mostaceras eran fabricadas por diferentes especialistas. Solían comprarse por separado, y algunas se grabaron a juego con la mostacera.

Esta mostacera (abajo) tiene mucha demanda por su forma original y su decorativo calado; vale mucho más que un ejemplar más común, ya que no suele encontrarse en el mercado. Fue fabricada en 1774 por William Vincent, un platero renombrado por sus calados de alta calidad en recipientes para té y otros objetos pequeños.

Este tipo de mostaceras fue más común en la década de 1780. El calado que aquí se aprecia, así como el de la pieza de arriba, se debe examinar siempre minuciosamente. Otras zonas vulnerables que se han de tener en cuenta son:
• La bisagra, que puede haberse desgastado.
• El asa, que puede haberse separado del cuerpo.
• El cuerpo, cuyo calado lo debilita y, por lo tanto, lo vuelve más vulnerable al desgaste.

Durante el reinado de Jorge IV se favorecieron las ornamentaciones muy trabajadas.

Esta pieza (arriba) muestra una superficie casi enteramente decorada con capullos y volutas.
• Hay que examinar los recipientes con pies para asegurarse de que éstos no se hayan hundido en el cuerpo. Los pies suelen ser huecos y pueden desgastarse por la base o aplastarse debido al uso continuo.

A partir de 1820 se fabricaron pequeñas mostaceras en forma de tambor. Esta pieza de principios del período victoriano (hacia 1840) se puede fechar por el original diseño de la base, que recuerda la forma de melón de algunas teteras y fuentes para entradas producidas en esa época.

Precauciones

Existen algunas mostaceras falsas, que no se recomienda coleccionar, porque son en realidad hueveras o saleros de mesa. También se deben evitar los recipientes de forma ovoide, los de tres pies y los que no tengan contrastes en la tapa.

59

CUBERTERÍA (ANTERIOR A 1750)

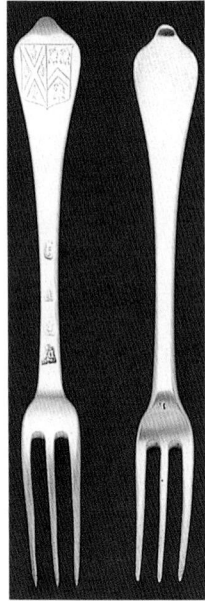

Juego de doce tenedores de mesa del modelo de hocico de perro, de estilo Guillermo III, de Isaac Davenport, 1701; código de precios D (para el juego).

Cuestionario para identificar un juego de tenedores de mesa con el mango en forma de hocico de perro:
1. ¿Tienen tres púas?
2. ¿Existe algún indicio de que se elaborasen a partir de una cuchara?
3. ¿Llevan un blasón o un escudo de armas original?
4. ¿Llevan los contrastes en la parte inferior del mango?
5. ¿Son todos los contrastes idénticos y se encuentran en el mismo lugar? (es un motivo de sospecha)

Cubertería antigua (anterior a 1750)

El primer tipo de cubiertos que se fabricaron fueron las cucharas, que datan de la época romana. Las piezas antiguas más coleccionables son las de Apóstoles. En la década de 1680, las cucharas tenían el mango con la punta trífida, y la pala, con la forma de las piezas actuales. La punta trífida se fue haciendo menos pronunciada hasta adquirir la forma de hocico de perro en el período de la reina Ana.

Tenedores

Originalmente se comía con cuchara. El uso del tenedor no se introdujo en Gran Bretaña hasta la época de la Restauración. Los tenedores se ajustaban al estilo de las cucharas. Los más antiguos son muy raros, de dos o tres púas, y tienen más demanda que las cucharas. Los de cuatro púas aparecieron en 1720. Hoy en día, los de tres púas, como los que aparecen en esta página, son muy buscados.
• Los cuchillos no son muy prácticos y se recomienda evitarlos, con excepción de los más antiguos que son siempre interesantes.
• Los cubiertos antiguos suelen llevar un escudo de armas. En la época de Jorge II, el blasón es más

común. Estas piezas suelen estar grabadas por el reverso, ya que en la mesa se colocaban hacia abajo.

Las cucharas con el mango trífido se desarrollaron a partir de las de Apóstol (págs. 164 y 165) y son poco comunes. Ésta (arriba) data aproximadamente de 1690 y está grabada con pájaros alados y follaje. Más adelante, el puntiagudo mango de forma trífida se aplanó y apareció la forma de hocico de perro (v. página anterior). El valor de estas piezas depende de la calidad del grabado y del grado de desgaste.

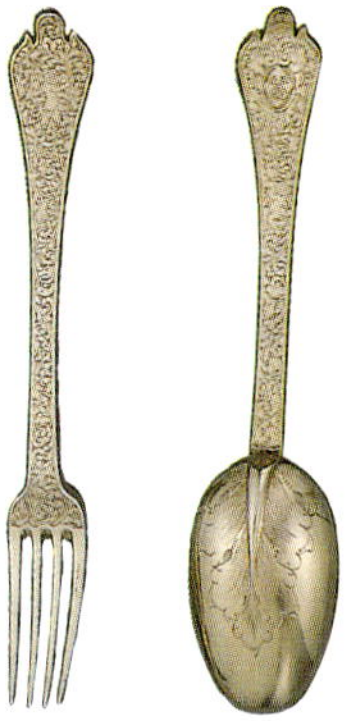

El modelo hannoveriano es coetáneo del de hocico de perro y fue corriente durante el reinado de Jorge II. Los tenedores de este estilo se fabricaban con tres o cuatro púas (los de tres son más coleccionables). Este juego de cucharas y tenedores (arriba) lleva grabado el escudo de George Booth, segundo conde de Warrington, lo que lo convierte en un artículo de asegurada alta calidad, muy solicitado en el mercado actual.

Contrastes

A partir de 1730, en muchos cubiertos los contrastes se encuentran bajo el metal doblado porque el platero tuvo que recomponer la forma del mango que había quedado plano por la estampación. Sin duda, fue este factor el que hizo que hacia 1770 se trasladasen las marcas a la parte superior de los mangos.

Los cuchillos de mesa de principios del siglo XVIII, como éstos, tenían el mango redondeado de cañón. A mediados de siglo surgió el mango de pistola, más plano y cómodo. Estos cuchillos son poco prácticos, ya que la hoja de acero se debe pulir cada vez que se usa. Es sorprendente la cantidad de piezas y de juegos que se conservan. Los cuchillos con el mango de cañón son posteriores a los de pistola y mucho menos comunes, por lo que su valor es mayor.

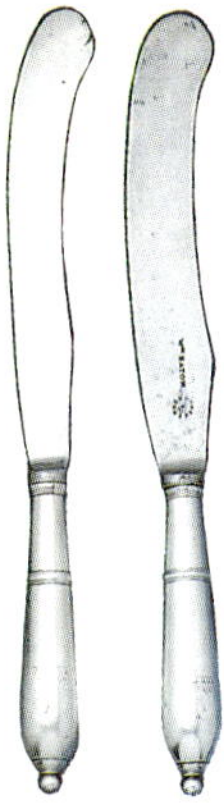

• Es preferible que el mango lleve el contraste del platero y el león pasante, pero las marcas suelen encontrarse muy desgastadas.

Estado de conservación

Las hojas de los cuchillos suelen encontrarse desgastadas u oxidadas. En los ejemplos anteriores, han sido reemplazadas (es imposible hacerlo hoy en día) y esto no afecta su valor. Los mangos suelen ser estampados y estar rellenos de resina; en ocasiones, ésta se dilata al sumergir el cuchillo en agua y el mango se agrieta.

Fabricantes

Los cubiertos los fabricaban especialistas, entre los que destacaron Elias Cachart, Isaac Callard, Richard Crossley y Eley, Fearn y Chawner.

CUBERTERÍA
(A PARTIR DE 1750)

Servicio de mesa de 18 cubiertos estilo Regencia de Paul Storr, Londres, 1813; código de precios A.

Cuestionario para identificar un servicio de cubertería de los siglos XVIII y XIX:
1. ¿Se trata de una cubertería completa o casi completa?
2. ¿Está el servicio relativamente poco desgastado?
3. ¿Son los tenedores del tamaño adecuado?
4. ¿Están desgastados todos los tenedores por igual?
5. ¿Son todas las piezas del mismo modelo?
6. ¿Aparece algún blasón original?

Servicios de cubertería
Hacia 1780 empezaron a fabricarse servicios de cubertería, de los que existen muchos modelos distintos. Los cubiertos se hicieron cada vez más trabajados. La cubertería victoriana posee una variedad infinita de modelos, sobre todo en Estados Unidos. A diferencia de las piezas antiguas, estos servicios se compran para usar regularmente.
• Hasta finales del siglo XVIII, los cubiertos no se vendían en estuches a medida (con excepción de los servicios de postre muy trabajados).

Estado de conservación
Los tenedores suelen estar desgastados, y algunos se han recortado para disimular ese desgaste, pero sus púas son obviamente más cortas. Es corriente encontrar desigualdades entre el desgaste de los cubiertos de un mismo estuche ya que, por ejemplo, un juego para doce personas podía pertenecer a una familia de seis, y gran parte del servicio no se usaba. Se recomienda no adquirir estas cuberterías.

Coleccionismo
Para coleccionar se recomienda adquirir los servicios que más se aproximan a una cubertería completa (en la que todos los componentes están fabricados por el mismo platero y tienen el mismo blasón). Es común que se hayan reemplazado una o dos piezas de un juego. Es fácil que falten los cuchillos, con lo que se aconseja adquirirlos modernos. Esto puede resultar más difícil si

SERVICIO DE MESA

se trata de modelos muy antiguos que ya no se reproducen. Se pueden comprar tenedores y cucharas adicionales. Son aceptables tanto las cuberterías de media docena como las de una entera. El precio de un juego completo es muy alto, en especial si está en buen estado.

El fileteado de esta cubertería (arriba) se debe examinar con gran cuidado para determinar su antigüedad, ya que este tipo de decoración solía añadirse posteriormente, encima de los servicios lisos estilo inglés antiguo, para encarecerlos. En este juego, los tenedores y los cuchillos son modernos y las demás piezas son de la década de 1770. El cartucho estampado alrededor del blasón es muy raro.

Los modelos más solicitados son el de hilo de violín y el de concha. Es esencial examinar cada pieza de un servicio, ya que a veces existe poca diferencia entre ellas (p. ej., el del rey y el de reina), por lo que al profano pueden parecerle iguales.

Servicios de postre
Los servicios de postre comenzaron a fabricarse hacia 1760. Suelen ser dorados y muy trabajados. La hoja de este cuchillo es de un diseño común en el siglo XIX. Los servicios de postre se elaboraban con un metal de gran calidad y suelen conservarse en buen estado, con el dorado intacto.

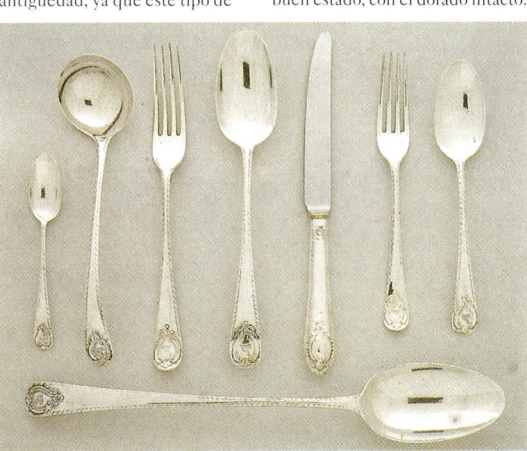

Cucharones

Llegados a finales del siglo XVIII, las cuberterías solían incluir cucharas para servir y cucharones, que antes se fabricaban por separado.

Los cucharones más antiguos tienen un mango de cañón muy largo y una pala muy honda. Esta pieza (abajo) del estilo reina Ana, fabricada por William Mathew en 1704, mide 45,75 cm. Estos cucharones están muy buscados y son raros y valiosos. Las cucharas de servir más modernas no son tan interesantes y se pueden adquirir a un precio inferior.

CUBERTERÍA: INFORMACIÓN BÁSICA

Modelos

Los modelos de cubertería antiguos más corrientes son el de rey, el de hilo de violín y el de concha. El menos popular es el de violín, que es muy liso. En general, los modelos más solicitados son los que aún se encuentran con facilidad. Si compra un modelo victoriano, como el de Alberto, el de Carlota o un ejemplar de 1930, es mucho más difícil poder luego encontrar piezas sueltas iguales, que si adquiere uno de estilo Jorge IV. Los estilos más comunes actualmente son el inglés antiguo y el de hilo de violín. Aunque algunos se parezcan, vistos juntos se aprecian mejor las diferencias. Se siguen fabricando los modelos de rey, el inglés antiguo y el de cola de ratón.
- Como este tipo de piezas abunda, se debe evitar cualquiera que se encuentre desgastada.
- Las cuberterías suelen venderse en estuches a medida. Si el estuche no es el original, las piezas no encajan bien.

Tipos de cucharas

En estas páginas se ilustran algunos diseños de cucharas corrientes.

De cola de ratón

Diseño fabricado para los servicios a partir de mediados del siglo XVIII; existen algunos juegos anteriores.

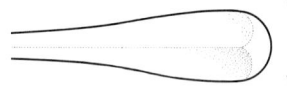

Inglés antiguo

Diseño fabricado a partir de finales del siglo XVIII; se sigue fabricando hoy en día.

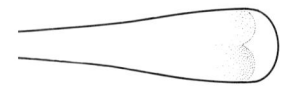

Onslow

Es un diseño atractivo y poco común, con la punta fundida en un mango bastante pesado. Se diseñó en 1760 y se fabricaron algunos juegos, muy difíciles de encontrar hoy en día.

Antiguo hilo inglés

Se produjo a finales del siglo XVIII.

Hilo de violín

Este modelo se fabricó mucho antes en el resto de Europa que en Gran Bretaña, a partir de principios del siglo XIX. El modelo de violín es igual, pero sin el borde. Muchos cubiertos escoceses de provincias son de violín, y se distinguen de los ingleses por su terminal más largo. Las piezas escocesas menos comunes están muy solicitadas, y las raras tienen un gran valor.

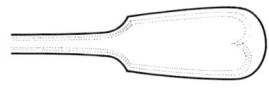

Reloj de arena

Este modelo se produjo en serie a partir del período de la Regencia.

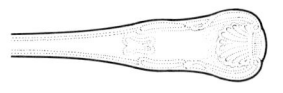

De rey

Este modelo es muy común y se fabricó a partir de la época de la Regencia.

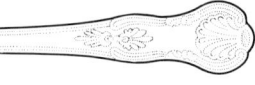

Cáscara de rey

Este modelo se encuentra en los cubiertos producidos a partir de la época de la Regencia.

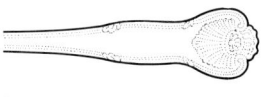

De reina

Es un diseño similar al de rey, producido a partir del período de la Regencia.

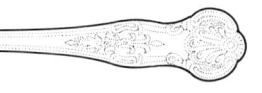

SERVICIO DE MESA

Alberto o Carlota
Es un popular modelo de cubertería fabricado durante toda la época victoriana.

Perlado
Es un modelo que se encuentra sobre todo en piezas fabricadas en la época victoriana.

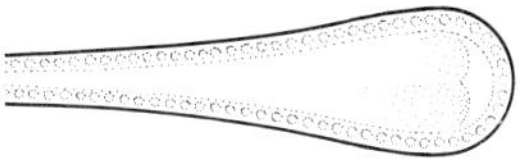

Albania
Otro diseño que se encuentra sobre todo en cubiertos del período victoriano.

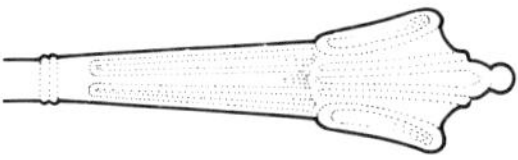

Modelos escoceses
En Escocia, los diseños más trabajados (de rey y de reina) en ocasiones sólo se grababan por un lado, para reducir su coste. Nuevas, estas piezas eran más económicas, y siguen siéndolo hoy en día. Además, son difíciles de complementar en la actualidad.

Coleccionismo
Existen muchas personas que coleccionan cubiertos en buen estado, de cualquier modelo, para lograr juegos completos que son mucho más valiosos que las piezas por separado. Dado que la producción de cubiertos fue tan abundante, esta tarea no resulta muy difícil, pero se deben pulir todos los artículos y es esencial borrar cualquier blasón. Dado que los juegos completos están tan solicitados, se venden a precios muy altos.
- Nunca mezcle un modelo antiguo con uno posterior, ya que, aunque las piezas puedan parecer similares, su calidad es muy diferente. Además, los cubiertos modernos son muy caros comparados con los equivalentes antiguos, por lo que vale la pena buscar estos últimos.

Desgaste
Los cubiertos desgastados son uno de los pocos objetos de plata que no valen mucho más que el precio del metal fundido, ya que es casi imposible restaurarlos.

La cuchara de la izquierda se halla en buen estado, mientras que la central está desgastada (advierta cómo ha sido erosionada la forma de la pala). La de la derecha también presenta signos de un mal uso, aunque ha sido recompuesta para disimularlos. Su pala es más delgada y endeble debido a los retoques, y además sus atípicas proporciones son motivo de sospecha.

El tenedor de la izquierda está en bastante buen estado. El del centro está desgastado debido a los años de roce con el plato. El de la derecha está asimismo desgastado, pero las púas se han recortado al mismo nivel para disimular los signos de desgaste. Esto sólo es evidente cuando se compara con una pieza inalterada.
- Es importante estar satisfecho con el tacto del cubierto, ya que una pala afilada y desgastada no resulta cómoda para comer. La pátina es importante si el servicio es liso. Cualquier conjunto que no sea un juego completo se debe examinar cuidadosamente. A veces se observan variaciones menores en las zonas donde podía haber habido volutas, en la base del mango y donde los terminales de las cucharas suelen curvarse.

65

PLATA DECORATIVA PARA LA MESA

Cesta calada, alrededor de 1750.

Entre los artículos más caros de plata se encuentran las grandes piezas decorativas que encargaban las familias adineradas, generalmente como muestra externa de riqueza. Hoy en día, este tipo de piezas está muy solicitado para decorar la mesa y abarca desde las espectaculares *épergnes* y los centros de mesa hasta las grandes cestas, las poncheras y los *monteiths*. Dado que estos artículos solían ser grandes y costosos también cuando se fabricaron, muchos de ellos se empleaban como objetos de regalo o para conmemoraciones, y por eso incluyen en ocasiones alguna inscripción. Por desgracia, a no ser que ésta sea particularmente interesante, el valor de la pieza se reduce de forma considerable si la llevan.

Las *épergnes* suelen tener una cesta central y varias más pequeñas. En las más antiguas, las cestas pequeñas se pueden intercambiar con boquillas para velas. Las primeras *épergnes* se fabricaron en el segundo cuarto del siglo XVIII y su producción coincidió con la creciente popularidad del estilo Rococó y con el retorno a la moda de motivos chinescos, que aparecieron por primera vez en torno a 1680. Estos artículos siempre han sido muy decorativos y suelen poseer ondulados motivos naturalistas y máscaras chinescas; incluso existen ejemplares con techos de pagoda de los que cuelgan campanitas.

En el siglo XIX, las *épergnes* fueron reemplazadas por los centros de mesa, que en un principio se fabricaban simplemente para adornar la mesa, pero que más adelante se convirtieron en el punto central de una composición decorativa más compleja, compuesta de pequeñas piezas dispuestas por separado en toda la superficie. A finales de siglo se fabricaron muchos centros de mesa contraplacados y, por lo tanto, más económicos. Éstos suelen ser como el de la página 145, con reproducciones más pequeñas de la figura principal que sujetaban platillos de vidrio en ambos extremos de la pieza. (Las bases de espejo (un tipo de bandejas de vidrio que reflejan la luz) rara vez estaban fabricadas conjuntamente, pero no cabe duda de que realzan el efecto decorativo de la pieza. Tienen cierta demanda por separado y suelen emplearse para servir tartas.

Las cestas de plata se empezaron a fabricar hacia 1730, y aunque las más antiguas son poco comunes, abundan las de mediados del siglo XVIII en adelante. Curiosamente, parece que fueron un invento exclusivamente británico, aunque se produjeron algunas en Estados Unidos. La mayoría de ellas son caladas, y como se usaban a diario durante largas temporadas, es importante examinarlas a conciencia. Desde finales del siglo XVIII se fabricaban con simples lados enrejados lisos o con gavillas de trigo superpuestas (en las más habituales, de forma ovalada). Se cree que ambos tipos estaban destinados al pan y no a los bizcochos o a la fruta. Con el paso del tiempo, las cestas se hicieron cada vez más livianas, seguramente debido a una mayor demanda por parte de las clases más modestas. También se hicieron menos hondas. Cualquier pieza sin asas se debe examinar, para asegurarse de que no se hayan roto. Durante el período de la Regencia se fabricaron numerosas cestas de plata dorada que hoy en día son muy costosas. Son populares entre los coleccionistas ya que se pueden emplear para exhibir una decorativa composición de frutas en el centro de una gran mesa.

La ponchera y el *monteith* comenzaron a fabricarse alrededor de 1680 y su producción duró unos 50 años. El *monteith* se empleaba para servir bebidas frías y, a diferencia de la ponchera, tiene asas para poder manipularlo, ya que la condensación que se producía por su exterior lo hacía resbaladizo. Al parecer, el ponche se elaboraba en el comedor y requería varios accesorios como, por ejemplo, un cucharón. Originalmente, éste tenía un mango de plata que más adelante se fabricó de madera y después, cuando se hizo más pequeño, de hueso de ballena. Entre los demás accesorios se encuentran los coladores para naranja, con largos mangos que abarcan todo el recipiente, y de los cuales se conservan pocos ejemplares. Las primeras azucareras sin tapa aparecen en ese momento (pág. 113); el azúcar era un ingrediente del ponche.

La diferencia entre las escudillas y las tazas para vino tibio parece haberse olvidado, ya que ambas están diseñadas para contener líquidos calientes. Las tazas para vino tibio de forma abalaustrada (pág. 81) se produjeron a finales del siglo XVII. Las escudillas se fabricaron durante más años y muchas de las que se conservan en la actualidad datan del siglo XVIII. La escudilla americana es muy distinta de la inglesa, y en Inglaterra suele conocerse más por el nombre de *bleeding bowl* (págs. 150 y 173).

Se fabricaron gran cantidad de tazas con pico como alternativa a las de vino tibio que, al parecer, se empleaban para alimentar a los enfermos. Hoy en día estas piezas son escasas.

ÉPERGNES

Épergne *con nueve cestas de estilo Jorge III de Emmick Rommer, Londres, 1772; altura 38,1 cm; código de precios B.*

Cuestionario para identificar las *épergnes* de los siglos XVIII y XIX:
1. ¿Están enteramente marcados el cuerpo y la cesta central con los mismos contrastes?
2. ¿Tienen algún contraste correspondiente todos los demás componentes (brazos, cestas, asas articuladas)?
3. ¿Está el calado en buen estado?
4. ¿Están los brazos o los festones sin reparar? (si se han roto o se han soldado, la pieza pierde valor)
5. ¿Están los pies intactos?
6. ¿Son iguales los blasones o escudos de armas en todos los componentes? (si los escudos difieren, es sospechoso)

Épergnes

Las *épergnes* aparecieron por primera vez a mediados del siglo XVIII. Se disponían en el centro de una mesa grande para exhibir fruta y dulces. La mayoría de ellas estaban provistas de originales estuches de madera para protegerlas cuando no se usaban. Las *épergnes* son raras y costosas; su tamaño y anchura fueron aumentando a medida que avanzaba el siglo. Las primeras, hacia 1730, son relativamente compactas y consisten en una cesta central y una cantidad variable de cuencos más pequeños. Las de mediados del siglo XVIII solían tener cuatro cestas pequeñas y una central. La que se muestra en esta página tiene seis cestas pequeñas. Este número aumentó durante el siglo XVIII, para volver a disminuir en el siglo XIX.

Contrastes

El cuerpo y la cesta central deben llevar todos los contrastes. Los demás componentes deben tener el león pasante, la marca del platero y, a partir de 1784, el de la cabeza del soberano.

Estado de conservación

Debido a que las *épergnes* son grandes piezas de lujo que se usaban raras veces, suelen conservarse en buen estado. Sin embargo, cada artículo se debe examinar cuidadosamente, para asegurarse de que no existan daños, sobre todo en los pies y en los brazos. Los brazos de los refinados ejemplares antiguos solían ser macizos, pero los más modernos estaban reforzados y, por lo tanto, son difíciles de reparar. El valor de esta muestra es algo menor porque los brazos no llevan contrastes.

• Las cestas que han formado parte de una *épergne* en ocasiones se venden sueltas, pero como no

PLATA DECORATIVA PARA LA MESA

llevan todos los contrastes, su procedencia es evidente.

Esta antigua *épergne* (abajo) se fabricó en Irlanda hacia 1745 y, como gran parte de las piezas irlandesas de esa época, no tiene letra de fecha. Tiene menos cestas pequeñas que los ejemplares posteriores. Las figuras chinescas en el centro son comunes en las cestas inglesas de la época (pág. 72) y reflejan el gusto irlandés por el estilo Rococó.

Decoración

Los estilos y la decoración de las *épergnes* se ajustan a la moda de otras piezas de plata coetáneas de su tiempo. Adviértase que el antiguo ejemplar irlandés (a la izquierda) tiene una marcada forma curvilínea y presenta una lujosa y variada decoración, típica del período Rococó, que incluye águilas, motivos chinescos, flores y volutas. La pieza que se muestra abajo es posterior y tiene una forma sencilla adornada por un simple borde de antemos y volutas, común en el período neoclásico.

Recipientes de vidrio

Los recipientes de vidrio, como se ven en la *épergne* de abajo fabricada por William Pitts (Londres, 1786-1787), eran elementos necesarios en estas piezas a partir del tercer cuarto del siglo XVIII. El atractivo color azul del vidrio se aprecia a través del calado de las cestas. Las *épergnes* se pesan sin el recipiente.

Épergnes de la Regencia

Las piezas recargadas y con grandes pies se pusieron de moda a principios del siglo XIX. Esta *épergne* (derecha), característica del estilo de la Regencia, es de Matthew Boulton (Birmingham, 1819). Los brazos de plata sostienen los cuencos de vidrio tallado.

• Los recipientes de vidrio rotos o sustituidos reducen el valor de las piezas de estilo Regencia, a pesar de que son más fáciles de reemplazar que los victorianos. El vidrio victoriano suele ser mate o grabado y es virtualmente imposible reproducirlo de forma satisfactoria hoy en día. Resulta más fácil sustituir el vidrio tallado.

CENTROS DE MESA

Centro de mesa de principios de la época victoriana de Richard Sawyer, Dublín, 1843; altura 64 cm; código de precios B.

Cuestionario para identificar un centro de mesa victoriano:
1. ¿Llevan contrastes todos los componentes desmontables (cuerpo, figuras, platillos, brazos, etc.)?
2. ¿Están numerados o marcados con puntos idénticos todos los brazos?
3. ¿Están intactos todos los elementos de la decoración?
4. Si existe una base de espejo, ¿es de plata? (puede ser galvanizada)
5. Si la base de espejo no es de plata, ¿hace juego con el centro de mesa?

Centros de mesa

La *épergne* fue reemplazada por el centro de mesa a finales del siglo XVIII. Los centros de mesa se fabricaban con candeleros o sin ellos y tenían un cuenco central para fruta. Suelen tener menos cestas laterales que las *épergnes* y su cuenco central es de plata maciza o calada, en este caso con

PLATA DECORATIVA PARA LA MESA

recipiente interior de vidrio. En general, los recipientes no se conservan y, como solían ser mates o grabados, son difíciles de reproducir. Al realzar el efecto decorativo, si están mal reproducidos, se reduce el valor de la pieza entera.

Bases de espejo

El centro de mesa de la página anterior es un típico ejemplo victoriano e incluye una base de espejo. Ésta se separa fácilmente del cuerpo y suele venderse suelta (es particularmente popular entre los profesionales de hostelería, que la emplean para la tarta de boda).

Precauciones

Es casi imposible limpiar adecuadamente los centros de mesa de forma regular. Para ello, se aconseja llevarlos a un profesional y después cubrirlos con una capa protectora que retrase el proceso de deslustre. Es mejor manipularlos con precaución y con unos guantes apropiados.

Este centro de mesa estilo Jorge III (abajo), fabricado por Benjamin Smith en 1814, es relativamente simple. Las doncellas que soportan el cuenco con la cabeza eran un motivo común. Asegúrese de que la base, las figuras y el cuenco principal hagan juego, ya que los componentes son separables (algunas figuras se han montado sobre pedestales de madera y se venden por separado).

• Este centro de mesa (arriba) ha perdido valor debido a su larga inscripción, añadida más de 130 años después de su fabricación. Es demasiado extensa para ser borrada.

En la segunda mitad del siglo representativo de uno de los estilos más antiguos y tiene semejanzas obvias con las *épergnes* (págs. 68 y 69). La base de espejo se fabricó nueve años después (la decoración del borde no corresponde a la de los brazos), pero esto no devaluó la pieza. Los pies de garra alada eran muy corrientes en esa época.

• En este centro de mesa (arriba) sería posible reemplazar los cuencos de vidrio, ya que ninguno está grabado al ácido ni es mate.

• El centro de mesa se encargaba con su estuche de madera forrado con tapete verde. Luego estos estuches se guardaban en un lugar demasiado húmedo, por lo que no solían sobrevivir el paso de los años.

Los centros de mesa de alrededor de 1830 son de diseño

XIX, los centros de mesa solían estar formados de una cesta central sobre un soporte, sin una boquilla para velas. Éste, fabricado por la firma Elkington (Birmingham, 1861), es un ejemplo típico. Los centros de mesa se hicieron progresivamente más cortos, y más adelante fueron reemplazados por los soportes para postres de finales del siglo XIX.

CESTAS 1

Cesta con decoración chinesca estilo Jorge II de S. Herbert, 1756; longitud 34,6 cm; código de precios B.

Cuestionario para identificar una cesta del siglo XVIII:
1. ¿Lleva la cesta los contrastes por la parte superior, en el calado, o por debajo en hilera?
2. ¿Está el asa marcada correctamente?
3. Si aún hay un escudo de armas presente en la base de la pieza, ¿concuerda su estilo con la fecha de la cesta?
4. ¿Están en buen estado las decoraciones de grabado de lustre o de calado?
5. ¿Está intacta el asa?

Cestas

Las cestas se pusieron de moda a partir de 1730. Se colocaban en el centro de la mesa llenas de fruta, galletas o dulces. Aunque eran piezas costosas, se produjeron muchos ejemplares. Son muy decorativas y, actualmente, siguen teniendo demanda.

El estilo y la forma de las cestas varían, pero hasta finales del siglo XVIII la mayoría tenía algún tipo de decoración calada vulnerable a los daños, por lo que se debe examinar minuciosamente. Algunas cestas se apoyan sobre un pie circular y otras tienen una base separable que debe llevar todos los contrastes, mientras que los demás componentes sólo han de estar parcialmente sellados.

En la decoración de la cesta de esta página se manifiesta el gusto en el siglo XVIII por los motivos chinescos. Ésta fue fabricada en Londres en 1756 por S. Herbert, una compañía conocida por este tipo de decoraciones.
• La decoración chinesca está especialmente buscada. No es muy común en las cestas y aumenta su valor aproximadamente en un 50 %.

Tres características aumentan el valor de esta cesta (pág. 73, arriba) fabricada por Edward Aldridge (Londres 1746):

PLATA DECORATIVA PARA LA MESA

bastante liviana (centro), ya que pesa 900 g. Su atractivo grabado de lustre le añade encanto, como también el hecho de que la fabricase la conocida platería Hester Bateman.

Contrastes
Las cestas del siglo XVIII pueden llevar los contrastes en una de las hileras del calado. Los sellos del asa deben corresponder con los de la pieza principal.

Estado de conservación
La complicada decoración calada de la cesta de la izquierda se debe examinar minuciosamente. En muchas piezas, el canto está doblado debido al peso excesivo. Si tienen cuatro pies, se deben observar en detalle, puesto que es muy fácil que éstos se encuentren algo hundidos en el cuerpo y, además, son propensos a agrietarse. En las décadas siguientes eran muy comunes las cestas con el soporte circular calado (abajo), muy vulnerable a los daños.

Esta cesta relativamente liviana (abajo), fabricada en Londres en 1773, es un ejemplo de un estilo menos lujoso, desarrollado en esa época. Pesa sólo 620 g, casi la tercera parte de la que se muestra arriba a la izquierda. Además, el cuerpo calado y el asa trenzada son más simples que los de los otros ejemplos mostrados, por lo que vale mucho menos.

- El asa decorada de forma atractiva.
- Las máscaras de Ceres en los pies.
- Su gran peso, 1,7 kg.

En esta época las cestas se empezaron a fabricar más planas.

Las cestas que más abundan son las del siglo XVIII, que tienen forma ovalada, el asa articulada y una bella decoración calada. Como muchas otras, ésta es

CESTAS 2
(DESPUÉS DE 1780)

Cesta de plata estilo Jorge IV de Kirby y Waterhouse, Sheffield, 1820; longitud 34 cm; código de precios D.

Cuestionario para identificar una cesta del siglo XIX:
1. ¿Es la decoración cincelada en lugar de calada?
2. ¿Corresponde su decoración a la de las salvillas coetáneas?
3. ¿Lleva la decoración flores, conchas, follaje y volutas en forma de «S»?
4. ¿Es la cesta relativamente pesada?
5. ¿Llevan contrastes todos los componentes separables?
6. ¿Está el asa intacta?

Cestas de finales del siglo XVIII y del siglo XIX

La decoración cincelada de flores, conchas, follaje y volutas en forma de «S» era común en las cestas fabricadas durante el reinado de Jorge IV y corresponde a la decoración de las salvillas de la época. Este tipo de cestas, sin calado, siguieron en boga hasta finales del siglo XIX.

Cestas de provincias

Las cestas fabricadas en Londres suelen tener un valor añadido, por lo que el precio de la que se muestra arriba será menor que el de una londinense. En esta época se contrastaban pocas cestas fuera de Londres, ya que muchos plateros de provincias las mandaban a la capital para el ensaye.

A pesar de su cuerpo algo atípico, de reja calada, esta cesta de 1785 de Wakelin y Taylor es muy pesada (1,4 kg).

PLATA DECORATIVA PARA LA MESA

Las cestas con este diseño también se fabricaron sin asa, algunas por Paul Storr.

Precauciones

A veces es difícil detectar la falta de un asa. Se puede averiguar si se conoce el peso original de la cesta, comparándolo con el actual. Una diferencia de peso puede indicar la ausencia de un asa o la eliminación de un escudo de armas.

El ancho reborde y la forma poco honda de esta cesta fabricada por James Charles Edington en Londres (1839) dejan una superficie amplia para los trabajados adornos de estilo Rococó, que tan apreciados eran en la época victoriana. El peso de las cestas sin calado suele generar una tensión excesiva en sus relativamente frágiles asas, por lo que muchas de ellas, en algún momento, se han podido dañar. Examine siempre minuciosamente la pieza para detectar cualquier daño.
• Las cestas de este tipo solían tener asa; sin ella no son tan valiosas.

Valor

Los objetos de plata de finales del período victoriano son abundantes y normalmente más económicos que los del siglo XVIII y los de principios del XIX. La cesta que se muestra arriba sólo vale aproximadamente la mitad que la de la página anterior (arriba), que es de un estilo similar y se fabricó en Sheffield 20 años más tarde.

Esta cesta con forma de concha y con el asa en forma de sirena y los pies de delfín (arriba) es de un estilo refinado y exclusivo. Fue fabricada por Edward Farrell en 1839, pero su diseño está copiado de los artículos que empezaron a fabricarse hacia 1740. Las cestas de este estilo son vulnerables a tres tipos de daños:
• Los pies fundidos pueden hundirse en un cuerpo parcialmente calado.
• El cuerpo puede agrietarse debido a la presión de su asa.
• Las acanaladuras se desgastan y debilitan.

Las primeras cestas, entre ellas la original de la que se reproduce arriba, suelen ser más pesadas que sus reproducciones posteriores, con más calado. En 1760 ya se fabricaron algunas cestas caladas, muy elegantes, mientras que alrededor de 1790 eran comunes las más lisas, sin decoraciones.

Cestas de finales de la época victoriana

Esta pareja de cestas (abajo), típica de finales de la época victoriana, fue fabricada por C. S. Harris a finales de siglo. En general se fabricaban en juegos de dos o más, y en gran variedad de tamaños. La mayoría de ellas se hallan en buen estado y tienen mucha demanda. Su valor depende del tamaño: los juegos de varias piezas más grandes están especialmente solicitados. Este tipo de cestas suelen encontrarse en plata dorada, lo cual encarece el precio si se han conservado en buen estado.

PONCHERAS

*Ponchera de Louis Mettayer,
1718; diámetro 21,5 cm, peso 620 g; código de precios B.*

Cuestionario para identificar una ponchera del siglo XVIII:
1. ¿Aparecen los contrastes agrupados por el reverso?
2. ¿Hay un gran escudo de armas original? (una superficie lisa o cualquier detalle pequeño, como un blasón, es motivo de sospecha)
3. ¿Tiene la ponchera un cartucho muy trabajado? ¿Existe algún escudo coetáneo del cartucho?
4. ¿Conserva una atractiva pátina? (signo de que no se ha pulido demasiado)
5. ¿Existen indicios de que se haya eliminado algún grabado?
6. ¿Hay alguna grieta alrededor del reborde?

Poncheras

A diferencia de los *monteiths* (págs. 78 y 79), las poncheras no tienen un borde festoneado separable, y suelen ser más hondas. Los primeros ejemplares datan del último cuarto del siglo XVII, cuando el ponche, una bebida india, fue introducido en Inglaterra. Después de 1730, el vidrio reemplazó a la plata. Así pues, cualquier ponchera posterior a esa fecha suele ser una reproducción o un tipo de trofeo.

Coleccionismo

Las poncheras antiguas son muy costosas, y hoy en día se adquieren más por su encanto decorativo que por su función original. Su aparición en subastas es poco frecuente, ya que no se fabricaron en grandes cantidades debido a su tamaño.

Algunos *monteiths* sin el borde se venden como poncheras, pero esto suele detectarse con facilidad ya que aquéllos tienen un reborde de alambre liso sobre el cual descansa la pieza separable. Las poncheras no tienen asas, lo que dificulta su transporte cuando están llenas. Quizás esto confirme la teoría de que el ponche se elaboraba y se distribuía desde un mismo lugar, el comedor, mientras que el *monteith* se llenaba de hielo y de agua y se transportaba a la estancia donde se distribuía la bebida. Las constantes manipulaciones del *monteith* también explican que muchos de los bordes separables hayan desaparecido.

Las poncheras se hicieron cada vez más anchas, menos hondas y con un reborde más alto. Este ejemplar (página 77, arriba),

PLATA DECORATIVA PARA LA MESA

fabricado por Gabriel Sleath en 1727, está muy solicitado, ya que lleva una inscripción y un grabado coetáneos. Es más grande que el de la página anterior (diámetro de 24 cm) y más pesado (1,2 kg).
• A pesar de crear diseños espectaculares, los grabadores ingleses nunca firmaban sus obras, al contrario que los del resto de Europa y los norteamericanos.

Con el paso del tiempo, las poncheras se hicieron progresivamente más grandes y se fabricaron en cantidades menores. Este ejemplar (arriba) de Smith y Sharp, del período georgiano, que aluden a la función de esta pieza, propia para bebidas alcohólicas. Si la ornamentación fuese victoriana, sería más repetitiva y cubriría toda la superficie.

Contrastes
Las poncheras antiguas suelen llevar los contrastes en hilera, por el lado. La mayoría de los ejemplares del siglo XVIII se sellaron por debajo, mientras que las piezas posteriores se volvieron a marcar en hilera. Los contrastes suelen conservarse bien por el reverso, aunque los laterales tienden a desaparecer. Si la pieza lleva las marcas en el reverso, asegúrese de que están en buen estado.

Muchas de las poncheras modernas se fabricaron a modo de trofeo. Esta pieza (abajo), de Hester Bateman de 1789, forma parte de una serie de poncheras creadas como premios para las carreras de Chester. Los pies de las piezas de esta época son altos. Dado que la superficie es muy lisa, la pátina es importante. Se recomienda evitar los ejemplares demasiado pulidos.

Estado de conservación
Asegúrese de que el reborde no esté agrietado ni haya sido reparado. Observe asimismo la unión entre el pie y el cuerpo.

Motivos heráldicos y cartuchos
En todas las grandes superficies lisas debe asegurarse de que no se haya reemplazado algún escudo de armas o blasón. Preste especial atención a las piezas con un cartucho liso, como el de la ponchera de la izquierda, ya que es poco probable que una pieza de tal tamaño se hubiese dejado sin grabar.
• Siempre existe la remota posibilidad de que algunos cartuchos cincelados y de alto relieve oculten la inserción de una pieza grabada que se haya podido situar encima de un escudo de armas anterior. Esto resulta difícil de detectar si el estilo del cartucho corresponde al de la ponchera.

77

MONTEITHS

Monteith *estilo reina Ana de Nathaniel Lock*,
1704; altura 19 cm; peso 1,5 kg; código de precios A.

Cuestionario para identificar un *monteith* del siglo XVIII:
1. ¿Lleva todos los contrastes en el lado?
2. ¿Lleva los sellos correspondientes en el borde separable?
3. ¿Tiene asas laterales? (en general, las poncheras no suelen tener asas)
4. ¿Corresponde el canto inferior del borde separable al canto superior del cuenco?
5. ¿Existe algún escudo de armas original?
6. ¿Están intactos los pies del cuenco y las asas? ¿Está libre de grietas la parte superior de las volutas del borde separable?

Monteiths

Se dice que estas piezas deben su nombre a un escocés llamado Monteith, que llevaba una capa con el borde festoneado. Los *monteiths* se distinguen de las poncheras por la presencia de un borde ondulado y de asas laterales. En las piezas modernas, el borde era separable, para que el recipiente también se pudiese emplear como ponchera. El borde de muchos de los ejemplares a la venta hoy en día puede haberse extraviado. Los primeros *monteiths* aparecieron en 1683 y siguieron produciéndose hasta 1730. Se llenaban de agua fría y de hielo para mantener fríos los vasos, que se colgaban de los festones del borde. Los *monteiths* se hicieron más grandes con el paso de los años y, a partir de 1690, se añadieron asas, generalmente en forma de anilla colgada de una cabeza de león.
• Al igual que las poncheras, los *monteiths* son escasos y caros; los fabricados por importantes plateros de la época son especialmente apreciados.

Daños

El borde de los *monteiths* solía retirarse a menudo, ya que su estructura es bastante endeble y se requiere cierta habilidad para encajarlo en el cuenco. Es, pues, un elemento vulnerable. Asegúrese de que no haya grietas en la decoración ni en las cabezas de los querubines. En algunos ejemplares, los contrastes están desgastados.

Aunque el *monteith* de la pág. 79 (arriba), de John Read, data del mismo año que el de esta página (1704), su estilo

PLATA DECORATIVA PARA LA MESA

corresponde a una época anterior. Tiene el cuerpo acanalado, que no sólo es decorativo, sino que refuerza la pieza. Sus asas son más sencillas que las del ejemplar anterior y tiene un buen escudo de armas original. La voluta y la cabeza de querubín son típicas del período. Esta fotografía muestra de forma clara la construcción del *monteith* con el borde separable.

• El escudo de armas que aparece en el *monteith* de la pág. 78 es anterior a la pieza, lo que sugiere que el grabador estaba reproduciendo una obra más antigua. Esto puede constituir un rasgo atractivo, pero si la pieza lleva un escudo posterior, indica que el original ha sido borrado y entonces pierde interés.

Los *monteiths* irlandeses son muy escasos. Este ejemplar de 1715 (arriba), creado por el famoso platero David King, es macizo y pesa casi 2 kg. Aunque su borde lleva una decoración de volutas como el del ejemplar anterior, las máscaras y las conchas han desaparecido.

Precauciones

Una gran superficie lisa como la del cuenco de arriba se debe examinar bien para comprobar si se ha borrado algún motivo; si es así, aparecerá un hundimiento en el interior del cuenco.

Contrastes

Tanto el cuenco como el borde separable deben llevar todos los contrastes en hilera.

Este *monteith* (abajo) fue fabricado por William Gamble en 1720 y seguramente es uno de los ejemplares más modernos que se encuentran. Es sólido, simple y no tiene asas (posiblemente porque por entonces ya no se usaban para enfriar los vasos). Al igual que ocurre con otros más antiguos, este *monteith* se entregó como trofeo en las carreras de Northallerton en 1722. Este grabado resulta de interés para los aficionados a las carreras.

• En el siglo XVIII, con frecuencia los trofeos tenían la forma de cualquiera de los diferentes recipientes para beber: tazones, vasos, poncheras y *monteiths*.

Reproducciones

A finales del siglo XIX y principios del XX (período de crecimiento económico), se hicieron reproducciones de *monteiths* como una alternativa a los jarrones para flores.

79

ESCUDILLAS Y TAZAS PARA VINO TIBIO

Escudilla del siglo XVIII, 1739; altura 18 cm; código de precios E.

Cuestionario para identificar una escudilla del siglo XVIII:
1. ¿Tiene una cenefa de lóbulos alrededor de la base?
2. ¿Tiene un ribete acordonado?
3. ¿Son las asas planas, si es moderno, o fundidas si es antiguo?
4. ¿Posee un cartucho de finales del siglo XVII?
5. ¿El cuerpo tiene un leve abombamiento?
6. ¿Aparecen los contrastes agrupados por el reverso o por el lado?
7. ¿Es la decoración estampada? (de acantos y hojas de palma)

Escudillas

Los escudillas son tazas cilíndricas de dos asas que se empleaban para las gachas. Se fabricaron en grandes cantidades a partir de mediados del siglo XVII hasta mediados del siglo XVIII.

Tazas para vino tibio

Las tazas para vino tibio (*caudle*), aunque son similares a las escudillas, suelen tener el cuerpo abalaustrado y sólo se fabricaron durante unos 50 años, en la segunda mitad del siglo XVII. El *caudle* era una mezcla dulce de vino y leche que se daba a los inválidos y a las mujeres embarazadas, y con frecuencia las tazas se fabricaban como regalos en la maternidad. Dado que se utilizaban para alimentar a inválidos, algunos modelos tienen un pitón (v. página siguiente).
• Las escudillas y las tazas para vino tibio antiguas, a diferencia de las modernas, suelen tener tapa.

Una de las escudillas más antiguas es este ejemplar de estilo Carlos II (arriba), fabricado en 1680 por John Sutton. La decoración es cincelada y bastante restringida, tiene una cenefa estampada de hojas de palma y de acanto. Las asas son de fundición y bastante lisas, en forma de volutas.
• Examine cuidadosamente las zonas sin decoración para asegurarse de que no se haya

PLATA DECORATIVA PARA LA MESA

última es muy fino. Este tipo de problemas solía repararse con una soldadura.

Contrastes

Las escudillas y las tazas para vino tibio llevan los contrastes agrupados en la base, o en hilera sobre el cuerpo, cerca del asa.
• Algunas escudillas y tazas para vino tibio se fabricaron con tapa (p. ej., la pieza que se muestra

borrado un blasón o un escudo de armas.

Esta escudilla de 1690 (arriba) es un modelo antiguo con la base a modo de pie circular. Las asas siempre son de fundición y, en este caso, especialmente trabajadas, aunque había también lisas (v. la pieza anterior). El escudo de armas original pertenece a una viuda, puesto que aparece dentro de un rombo. La decoración estampada de hojas de acanto se puede encontrar en los picheles coetáneos de esta pieza (pág. 87).

Estado de conservación

Examine el fundido para ver si la decoración tiene agujeros o una marca de soldadura. Estudie las asas minuciosamente porque, como son vulnerables al desgaste, es posible que se hayan desprendido del cuerpo. Las escudillas que se apoyan directamente sobre su base son propensas a sufrir daños, ya que en ocasiones el metal de esta

abajo), y ésta también debe llevar todos los contrastes.

La forma abalaustrada de esta taza de 1672 (arriba) sugiere que es para vino tibio. Su decoración estampada es típica de la época, con cincelado tosco y sin demasiado relieve. El fondo es mate, lo que indica que la pieza no se ha pulido demasiado, ya que si no sería más brillante y menos valiosa. Las iniciales de la familia son visibles bajo el reborde. Aunque son bastante pequeñas (altura de 8 cm), estas tazas suelen ser caras ya que sólo se fabricaron durante un tiempo limitado.

Tazas con pitón

Las tazas con pitón se fabricaron durante muy poco tiempo, a finales del siglo XVII, como alternativa a las de vino tibio. Hoy en día son muy raras. El pitón hace que la taza sea muy llamativa, por lo que a menudo se sospechaba que habían sido manipuladas. Los primeros ejemplares eran como un pichel de pitón curvado, pero las piezas posteriores (abajo) se parecían más a las escudillas.

Contrastes

Las tazas con pitón siempre se fabricaban con una tapa que está marcada en hilera por la parte superior, como la de un pichel. Muchas se han extraviado.

Esta taza con pitón del período de la reina Ana fue fabricada por William Andrews, en 1702. Alrededor del pitón tiene una soldadura algo tosca que puede constituir un motivo de sospecha acerca de la autenticidad de la pieza. Estas tazas solían ser lisas, aunque algunas se grababan con un blasón o un escudo de armas.

81

RECIPIENTES PARA BEBER

Copa de vino de plata dorada, hacia 1815.

Existe una enorme cantidad de recipientes para beber (tazas, picheles, copas y jarras) fabricados a través de los siglos, que son muy populares entre los coleccionistas actuales. La mayoría de los que se conservan datan del siglo XVIII en adelante. Como son artículos de mucho uso, es importante observar su estado, en especial el de las asas y los rebordes.

En Gran Bretaña se fabricaron numerosos tazones de uso doméstico. La mayoría tiene un diseño simple, de acuerdo con su condición de objetos funcionales. Existen otros ejemplares diseñados para viaje, que se vendían junto con un juego que constaba de un cuchillo, un tenedor, una cuchara y una cajita de especias, todos dispuestos dentro de un pequeño estuche de plata. Estas piezas siempre son de gran calidad, tienen finos grabados y son muy buscadas. A finales del siglo XVIII, en Nueva York, se fabricaron tazones de acentuada influencia holandesa en cuanto a su tamaño y a su decoración. Al parecer, las piezas posteriores estaban destinadas a la Iglesia y no al uso doméstico.

Los vasos de plata suelen ser pequeños y poco hondos. Siempre han tenido buena acogida entre los coleccionistas, ya que son pequeños y atractivos. Los primeros ejemplares se fabricaron en el siglo XVII y siguieron produciéndose durante todo el siglo XVIII. Hoy en día son piezas raras y, por lo tanto, muy costosas. Muchos vasos más modernos están grabados porque se ofrecían como premios en las carreras.

En Inglaterra y en Estados Unidos se fabricaron picheles en mayor cantidad que en Escocia y en Irlanda. Estas piezas parecen haberse resistido a las modas. Durante el reinado de Carlos II, solían ser de cuerpo liso y llevaban una sencilla cenefa de hojas de acanto o de motivos chinescos, cincelados en plano alrededor de la base. Las piezas de finales del siglo XVII presentan una moldura acanalada. Los picheles no empezaron a decorarse hasta el período de la Regencia. En esa época se fabricaron ejemplares enormes en plata dorada a modo de objetos de presentación. Los victorianos evitaban las superficies lisas y solían redecorar piezas más antiguas con complicados cincelados en forma de hojas y de volutas. Anteriormente, estas piezas casi no se vendían, pero hoy en día están muy solicitadas, sobre todo las más atractivas. Durante el siglo XIX, muchos ejemplares se transformaron en jarras, y éstas solían ser menos elegantes que los originales. Para que se consideren legales, los artículos alterados deben mostrar la letra de fecha en cualquier componente añadido. Existe una variante interesante del pichel estándar que se fabricó sobre todo en la costa este de Gran Bretaña, en York y algo menos en Newcastle. Ésta muestra influencias bálticas y lleva marcadores en el interior del cuerpo, para asegurar un reparto equitativo de la bebida.

A pesar de que la taza puede parecer un derivado obvio del pichel, no apareció en Gran Bretaña hasta finales del siglo XVII, y los ejemplares norteamericanos son aún más tardíos. Las tazas irlandesas son muy raras. Al igual que los picheles, éstas solían dejarse relativamente lisas hasta el siglo XVIII. En la época victoriana, se puso de moda regalar tazas pequeñas, por ejemplo en bautizos. Éstas se fabricaron en una amplia variedad de estilos y con decoraciones recargadas. Muchas piezas antiguas y lisas se adornaron posteriormente y otras se transformaron en pequeñas jarras para leche, con la adición de un pico. Al igual que ocurre con la mayoría de este tipo de alteraciones, son ilegales a no ser que todos los componentes estén adecuadamente contrastados. Cualquier modificación del objeto original representa una disminución de su valor.

Las copas del siglo XVIII son decorativos recipientes para beber. Los modelos con grabado de lustre, en especial los de finales de siglo, suelen tener un valor añadido si se conservan en buen estado. A diferencia de las tazas, es difícil alterar la decoración original de las copas, ya que la mayoría tiene algún grabado. Las victorianas son muy elegantes y en ocasiones se fabricaban con jarras a juego.

Las jarras de cerveza producidas en el siglo XVIII constituyen una alternativa a los picheles. Nuevas eran muy valiosas, a pesar de que en general eran lisas. Las más antiguas son más trabajadas, ya que llevan una decoración de recortes alrededor del pico y en la base. Existen algunas piezas neoclásicas muy elegantes de finales del siglo XVIII, fabricadas por plateros como Boulton y Fothergill. Las victorianas llevan decoraciones más refinadas en el cuerpo y no se elaboraban para servir cerveza, sino vino.

TAZONES Y VASOS

Tazón estilo Carlos II, Londres, 1665; altura 9,2 cm; código de precios D.

Cuestionario para identificar un tazón de estilo Carlos II:
1. ¿Lleva los contrastes agrupados por debajo?
2. ¿Tiene un pie fileteado y separable?
3. ¿Se ensancha el cuerpo cilíndrico en la parte superior?
4. ¿Hay alguna cenefa con hojas, cincelada o grabada, alrededor de la parte superior de la pieza?
5. ¿Tiene el canto alguna grieta?
6. ¿Lleva un blasón o un escudo de armas original?

Tazones

Los primeros tazones son anteriores a la época en que la plata inglesa se contrastaba, y bastante comunes tanto en Gran Bretaña como en el resto de Europa, aunque no así en Estados Unidos. Los más antiguos llevan una tapa. Tras la Reforma, algunas de estas piezas se emplearon como cálices, ya que muchas de las auténticas de esta época tienen el cuenco en forma de tazón. Los primeros tazones, del siglo XVI e inicios del XVII, eran bastante altos y anchos, y su forma apenas varió más tarde.

Decoración

Los tazones son bastante lisos, aparte de un blasón o un escudo, aunque los que datan del reinado de Carlos II a menudo llevan alguna decoración cincelada. Las piezas fabricadas como parte de un servicio de viaje suelen estar grabadas con más detalle.

Vasos

Los vasos solían fabricarse con plata de gran calidad y, dado que la mayor parte del peso se encuentra en la base, vuelven a ponerse derechos si se los tumba hacia un lado. Como son macizos, es casi imposible que se dañen. La mayoría data de finales del siglo XVII, aunque también existen algunos del siglo XVIII. Los primeros ejemplares suelen ser muy bajos y anchos, y los más modernos más altos y delgados. La mayoría de ellos son lisos, pero siguen siendo un objeto popular entre los coleccionistas actuales.

RECIPIENTES PARA BEBER

Contrastes

Los vasos suelen llevar los contrastes agrupados por el reverso o bien cerca del canto. Hasta finales del siglo XVIII, los tazones se marcaron por el reverso y, más adelante, en hilera bajo el canto.

Este tazón de plata estilo Guillermo y María (bajo estas líneas) se fabricó en Londres en 1693. Es liso y lleva unas iniciales grabadas cerca del canto.
• Como cualquier pieza lisa de plata, la superficie debe tener una atractiva pátina; los tazones demasiado brillantes se deben evitar, ya que pueden estar restaurados.

El tazón de este servicio de viaje del siglo XVII (abajo) es de forma ovalada y lleva un grabado de querubines alados y flores en volutas. Dentro contiene una madera que sostiene una cajita para especias y tres mangos a los que se les puede enroscar un cuchillo, un tenedor y una cuchara. Los servicios completos son muy raros y valiosos. El precio de esta muestra es mayor porque aún conserva su original estuche de chagrín.
• Estos servicios no suelen llevar contrastes. Algunos componentes llevan el sello de Londres de 1678, estampado sobre algún contraste alemán, lo que sugiere que la pieza es en realidad alemana.

La forma ancha y poco honda de este vaso de 1698 (bajo estas líneas) es típica del período. Los vasos más caros tienen grabado un blasón o un escudo, pero lo más común es que el cuerpo sea liso o que lleve las iniciales de su dueño. Como estos contrastes suelen estar en el reverso, en la mayoría de los casos ya no pueden leerse. Las piezas con sellos borrosos se deben evitar, sobre todo porque abundan las que están en buen estado.

En el siglo XVIII, los vasos solían ser estrechos en relación con su altura. Esta muestra tiene un atractivo escudo y forma parte de una pareja, lo que incrementa su valor (arriba).
• A veces, los tazones y los vasos se hacían de manera que cupieran unos dentro de otros, pero actualmente resulta muy difícil encontrar estos juegos. Durante el siglo XVIII, estas piezas se creaban en parejas, pero hoy en día suelen encontrarse por separado.
• Muchos tazones y vasos que aún se conservan provienen de ciudades de provincias como Newcastle y York.

85

PICHELES ANTIGUOS
(anteriores a 1765)

Pichel de plata de William Shaw, Londres, 1764; altura 19 cm; código de precios D.

Cuestionario para identificar un pichel inglés de mediados del siglo XVIII:
1. ¿Tiene el cuerpo forma de balaustre?
2. ¿Tiene la tapa forma de cúpula?
3. ¿Lleva la parte superior del cuerpo los contrastes en hilera cerca del asa o aparecen éstos agrupados por el reverso?
4. ¿Tiene el interior de la tapa los mismos sellos que los que se hallan en el cuerpo?
5. ¿Es el cuerpo bastante liso, posiblemente con un simple ribete de adorno?
6. ¿Tiene el pichel un pie con reborde?
7. ¿El asa es de fundición o está fabricada con lámina de metal?

Picheles

Cuando se empezó a fabricar, el pichel de plata se convirtió en una alternativa al recipiente de gres, más resistente. Aunque se conservan algunas piezas que datan del reinado de Carlos I y del período de la República, la mayoría de ellos son de finales del siglo XVII o posteriores, ya que seguramente muchos ejemplares anteriores se fundieron durante la Guerra Civil. Los picheles de plata se elaboraban para uso doméstico, y durante el siglo XVII estuvo prohibido emplearlos en lugares públicos. Originalmente, se produjeron en grandes cantidades para beber el *ale* (un aguamiel dulce y pegajoso, ligeramente parecido a la cerveza actual). Siguen siendo una de las piezas de plata del siglo XVII que más abundan, ya que se elaboraron hasta finales del siglo XVIII. En el ejemplar que aparece en esta página se observan la simple forma abalaustrada y la tapa de cúpula, corrientes en aquella época.

Contrastes

Los picheles del siglo XVII suelen llevar cuatro contrastes en hilera cerca del asa; se

RECIPIENTES PARA BEBER

estampaban los mismos sellos en la tapa (generalmente por la parte de arriba, cerca del asa). A principios del siglo XVIII, los sellos de la tapa solían encontrarse dentro de ésta. A diferencia de las demás piezas con tapa para la mesa, los picheles con un juego completo de contrastes en el cuerpo deben llevar éstos en la tapa.

La forma lisa y la decoración simple de cenefas son características de los picheles antiguos como éste, de costados rectos, fabricado en 1663. Aparte del escudo, los únicos ornamentos de la pieza son el pie de metal y la pestaña de la tapa.

escudo (pág. 15), el precio de la pieza se reduce al menos en un tercio.

El cincelado de hojas de acanto y de follaje es el único tipo de decoración que suele encontrarse en los picheles ingleses hasta el período de la Regencia.

• En algunas piezas, los contrastes se cambian de sitio para acomodar la decoración. Aquí, los sellos de la tapa aparecen juntos en la parte frontal, dado que ésta lleva ornamentos cerca del asa.

Este pichel de principios del siglo XVIII (abajo) es de cuerpo abalaustrado y tiene una tapa con forma similar a una cúpula.

Tapas

Los picheles antiguos tenían sencillas tapas escalonadas. La cúpula, ya evidente, se hace más pronunciada a medida que avanza el siglo. Ciertas marcas en las tapas de cúpula pueden indicar que ésta ha sido alterada y que antes era plana. A finales del siglo XVII, muchos picheles tenían un remate que raras veces ha sobrevivido. Las pestañas para apoyar el pulgar varían desde volutas y tirabuzones en las piezas antiguas, hasta calados en las más modernas.

Motivos heráldicos

Los picheles representaban una compra importante y valiosa y pasaron a considerarse símbolos tangibles de riqueza; por lo tanto, no sorprende que la mayoría de ellos llevasen grabadas las iniciales o el escudo de armas de su dueño. Si éste aparece en el lado de un pichel, es coetáneo de la pieza y le añade bastante valor e interés. Si se ha borrado algún

Muestra la evolución de la forma de los primeros ejemplares de lados rectos y tapas planas.

Estado de conservación

La zona alrededor del asa es vulnerable al desgaste y se debe examinar minuciosamente. Quizá más que cualquier otro artículo de plata, los picheles han sufrido modificaciones en los escudos. Asegúrese de que la plata del cuerpo no sea demasiado delgada.

PICHELES MODERNOS
(posteriores a 1765)

Pichel de plata de John Langland, Newcastle, 1802; altura 19 cm; código de precios D.

Cuestionario para identificar un pichel de 1780-1800:
1. ¿Es el asa de lámina?
2. ¿Es la tapa plana y no de cúpula?
3. ¿Posee como única decoración algunas cenefas aplicadas alrededor del cuerpo?
4. ¿Hay un escudo de armas? (característica apreciada)
5. ¿Es el cuerpo de costados rectos y de forma cilíndrica?
6. ¿Presenta algún desgaste la junta articulada?
7. Si tiene baño de oro, ¿está en buen estado?

Picheles modernos

A finales del siglo XVIII, el uso de picheles como recipientes para beber había disminuido, en gran parte porque en los círculos de moda se pasó a beber vino y no *ale*. El pichel que aparece en esta página es típico de los de la última época de su producción. Se fabricaron ejemplares similares contraplacados. Los picheles se continuaron elaborando hasta entrar en los períodos de la Regencia y victoriano, aunque en cantidades mucho menores. Se hacían en especial como objetos decorativos o como artículos de regalo. La mayoría de ellos están muy trabajados y su forma imita la de estilos anteriores.

Decoración

Los motivos de la antigüedad clásica, como las escenas báquicas y pastoriles, son comunes en los picheles del siglo XIX. La plata dorada fue corriente durante la Regencia. Asegúrese de que la decoración subyacente no esté desgastada, ya que eso indicaría que el dorado fue aplicado posteriormente.

RECIPIENTES PARA BEBER

Los picheles del período de la Regencia se fabricaron principalmente como objetos de vitrina y suelen ser grandes, pesados y de decoración recargada. Este ejemplar de plata dorada, fabricado por Storey y Eliot en 1812, está especialmente trabajado. Los motivos clásicos de querubines están fundidos y aplicados, lo que hace que esta pieza sea más pesada de lo normal (pesa dos o tres veces más que los picheles anteriores).
• Los picheles de la Regencia son bastante más valiosos que los anteriores. Éste cuesta unas cinco veces más que uno de mediados del siglo XVIII.

de los picheles importados, los cuales llevan los contrastes ingleses. En Londres se hicieron muy pocos ejemplares.

Marcas
Algunos picheles fabricados en diferentes países europeos (al igual que las reproducciones hechas en Inglaterra) llevaban unas marcas situadas con intervalos regulares en su interior, que servían para medir la bebida.

Precauciones
En cualquier pieza de plata con pies esféricos, el estado de éstos es de suma importancia, ya que suelen ser huecos y el uso excesivo puede provocar grietas. Además, este tipo de pies tiende a aplanarse. En algunos picheles es posible que se hayan retirado, girado y vuelto a aplicar o, incluso, reemplazado por otros nuevos.
• La decoración de follaje aplicada en este pichel (abajo) sirve también de refuerzo.

Este pichel fue fabricado por John Langland de Newcastle en 1769 (arriba), y es una copia de un diseño escandinavo. Las rutas comerciales entre la costa este británica, Alemania y los países bálticos estaban bien establecidas en el siglo XVII, y muchos ejemplares de picheles con tres pies esféricos se importaron en esa época. En York, y en menor medida en Newcastle, se produjeron copias

Durante la época victoriana, llegó a su apogeo el recargamiento de adornos, y muchas piezas de plata anteriores se redecoraron con complicados cincelados para adecuarlas al gusto predominante. Aunque este pichel fue fabricado en 1711 (arriba), se decoró mucho más tarde con ornamentación de volutas y flores. Inicialmente, el cuerpo era liso, aparte del original escudo de armas que ahora casi no se aprecia a través del cincelado.
• Aunque este tipo de alteración suele disminuir el valor de un artículo, sólo es ilegal si se ha añadido plata a la pieza original (pág. 10). Este pichel vale sólo una quinta parte de lo que costaría si no se hubiese alterado.

89

TAZAS

Tazas de plata de Richard Gurney, Londres, 1750; altura 9,7 cm; código de precios E..

Cuestionario para identificar una taza del siglo XVIII:
1. ¿Aparecen los contrastes agrupados por el reverso?
2. ¿Están todos los contrastes en perfecto estado?
3. ¿Es original el blasón o el escudo de armas?
4. ¿Descansa la taza sobre un pie separable?
5. ¿Es el asa fundida?
6. ¿Tiene el cuerpo forma de balaustre?
7. ¿Tiene alguna grieta el canto?
8. ¿Son originales los parches de refuerzo del asa? (y no una añadidura posterior)
9. ¿Están en buen estado los orificios del punto de los casquillos del asa?

Tazas

Las tazas más antiguas que se encuentran datan del siglo XVII y son de líneas redondas, pero levemente ahusadas sobre una base plana. Las piezas de finales del siglo XVII incluyen las de forma de dedal, originales de Escocia y también comunes en Inglaterra. Por estas fechas, las tazas tenían asas planas y de lámina, y los cuerpos solían ser lisos, aparte de incluir una cenefa de lóbulos y estrías. En el siglo XVIII se acostumbraba añadir otro tipo de decoraciones, sobre todo cinceladas, por lo que en muchas piezas es probable que el escudo de armas o el blasón originales se hayan borrado. La taza abalaustrada apareció en 1715 y suele tener el asa fundida. Esta forma predominó hasta la década de 1770, cuando empezaron a fabricarse asas de lámina. Fue un cambio posiblemente influido por la proliferación de talleres de laminado. A finales del siglo XVIII, las tazas, como los picheles, dejaron de emplearse para la cerveza. Las tazas son más pequeñas que los picheles y no tienen tapas, por lo que se les dio un uso alternativo como objetos de regalo. Durante casi todo el siglo XIX se fabricaron para este propósito, eran más pequeñas y existían en variedad de estilos.

La sencilla asa plana y la cenefa de esta original y antigua

RECIPIENTES PARA BEBER

taza de 1688 son típicas de la época (arriba). El valor de esta pieza es considerablemente mayor debido a la decoración de grabados chinescos, poco común en estas tazas. Sin embargo, como tiene poca ornamentación, es algo menos valiosa que otras piezas adornadas de forma similar.

Tazas irlandesas

La forma recta, levemente ahusada, de esta pieza (Dublín, 1732) representó durante un tiempo una alternativa a la abalaustrada que muestran las tazas de la página anterior. El pie insertado es original de Irlanda y no aparece en las inglesas. Examínelo con minuciosidad para detectar posibles defectos.
• Este escudo de armas en el sencillo cartucho barroco corresponde al de una viuda.
• La mayoría de las tazas se fabricaban sueltas, pero, como ocurre con muchos objetos de plata, cualquier pareja vale más del doble que una pieza por separado.

Tazas de bautizo

Muchas de las tazas más ornamentadas del siglo XIX se fabricaron como regalo para bautizo. Los mejores ejemplares llevan un estuche y un juego de cubiertos.

Este juego de bautizo fue fabricado por G. W. Adams para la firma Chawner en 1875. Lleva una adecuada decoración de querubines y tiene el asa en forma de una rama de vid. La reina Victoria regaló este modelo a sus ahijados en varias ocasiones. Cualquier artículo con una inscripción interesante tiene un valor añadido.

Esta taza de Hunt y Roskell (1878) está decorada con figuras que representan las cuatro estaciones. El cuchillo, el tenedor y la cuchara fueron fabricados por Francis Higgins, un célebre artesano especialista en cubertería. Su valor se ve incrementado por la existencia del estuche original.
• Las tazas suelen ser de alta calidad y se conservan muchas en muy buen estado, ya que no se usaban a menudo. Las cucharas suelen presentar más desgaste.

91

COPAS

Copa de finales del siglo XVIII, hacia 1790; altura 16 cm; código de precios E.

Cuestionario para identificar una copa de finales del siglo XVIII:
1. ¿Tiene forma de cáliz?
2. ¿Tiene el pie de tronco?
3. ¿Existe alguna decoración grabada?
4. ¿La decoración es de grabado de lustre y se encuentra en buen estado?
5. ¿Lleva un juego completo de contrastes, por debajo de la base o en el borde del pie?

Copas

Las copas fabricadas para uso no eclesiástico no parecen ser anteriores a la época isabelina. Son fáciles de distinguir de los cálices de la época, ya que éstos suelen tener el cuenco en forma de tazón, mientras que las copas del siglo XIX tienen el cuenco de otra forma. Cuando se desencadenó la Guerra Civil en Inglaterra, se fabricaron pocos artículos de plata en el país y, cuando Carlos II regresó, trajo consigo las nuevas modas e ideas del resto de Europa. La novedad y el precio del vidrio hicieron que las copas de plata para vino se olvidasen, hasta la época en que se elaboraron muchas reproducciones (en torno a 1770). El período neoclásico desarrolló el gusto por las formas de cáliz, perfectamente adecuada para la copa, y ésta permaneció así hasta el período de la Regencia.

Coleccionismo

La mayoría de las copas del siglo XVIII son de forma de cáliz, pero la extensión de la decoración puede variar, y esto afecta el precio. Varias características añaden interés y valor a la copa de arriba:
- El grabado de lustre de alta calidad en perfecto estado.
- La presencia del estuche original a su medida.
- El dorado interior.
- El blasón original.

Es interesante observar que en el estuche aparece una etiqueta de Rundell, Bridge y Rundell, que confiere gran calidad a la pieza, fabricada en su día por esta prestigiosa compañía.

RECIPIENTES PARA BEBER

bastante liso, pero es de gran calidad y se conserva en buen estado.
• Las copas deben ser macizas; si la plata cede, evite la pieza.
• A diferencia de las tazas, que se fabricaban sueltas, las copas solían diseñarse en parejas.

Estado de conservación

El estado de la copa es importante, ya que algunas se han utilizado mucho y pueden estar dañadas sin posible reparación. Examine:
• El cuenco.
• El tallo.
• La unión entre el tallo y el cuenco.

Las copas de finales del período de la Regencia eran de buena calidad y solían ser obra

El atractivo de esta copa de vino estilo Carlos I (arriba) reside en su forma. A diferencia de otras piezas de plata lisa, parece que las copas de vino antiguas se han cuidado mucho y no suelen mostrar deterioro. Con frecuencia se encuentran sin blasón. Dado que llevan los contrastes en hilera bajo el canto, en ocasiones éstos han sufrido desgaste. La ornamentación de las copas de esta época suele incluir flores cinceladas y decoración plana.

de plateros reconocidos (p. ej., Paul Storr para Rundell, Bridge y Rundell). Esta pieza, fabricada por William Burwash en 1819, es más sencilla que las de estilo Regencia, pero la cenefa fundida y aplicada alrededor del borde la hace más valiosa que las de ornamentación cincelada. Este tipo de copas se dañan con facilidad, así que examine siempre el cuerpo para detectar si se han efectuado reparaciones en la unión entre éste y el tallo. Asegúrese de que el pie no esté hundido en la base. Este ejemplar es relativamente ligero y cuesta unas cuatro veces menos que si fuera de Paul Storr.
• Algunas copas de estilo Regencia se ofrecían como trofeos, así que asegúrese de que no se haya borrado alguna inscripción.

Las copas con forma de cáliz se fabricaron en grandes cantidades durante los siglos XVIII y XIX y, por lo tanto, su valor depende mucho de la calidad de la decoración y de la reputación del platero. Las mejores piezas son de plata dorada y poseen grabados de lustre y un buen escudo de armas. Las más comunes son lisas y ligeras. Este ejemplar se fabricó en pareja y es

93

JARRAS

Jarra irlandesa de plata para cerveza, Dublín, 1774; altura 20,8 cm; peso 1 kg; código de precios C.

Cuestionario para identificar una jarra del siglo XVIII:
1. ¿Tiene el cuerpo forma abalaustrada?
2. ¿Posee una tapa?
3. ¿Tiene un pie central?
4. ¿Existe algún escudo de armas original?
5. ¿Es el asa fundida?
6. ¿Es adecuada la pátina?
7. ¿Está el cuerpo central libre de abolladuras?
8. ¿Es la jarra pesada y maciza?

Jarras

Las grandes jarras para agua o vino comenzaron a utilizarse durante el período de la Restauración, bajo el reinado de Carlos II. Algunas piezas antiguas llevan tapa, pero éstas son poco comunes después de 1730. No tienen el asa aislada, por lo que probablemente no fueron diseñadas para contener líquidos calientes. La mayoría de las jarras del siglo XVIII tienen forma abalaustrada, y hasta el reinado de Carlos II conservaron el cuerpo liso. La influencia del Rococó proporcionó diseños más trabajados.

Coleccionismo

A diferencia de los picheles, que se fabricaron en grandes cantidades, estas jarras eran piezas de plata menos corrientes, exclusivas para su uso por las familias adineradas. Por ello, son mucho más escasas y valiosas en la actualidad. Un buen escudo de armas es una característica apreciada en una jarra para cerveza. Algunos de los mejores ejemplares tienen decoración de recortes por todo el cuerpo.

Jarras irlandesas

Aunque la jarra irlandesa de esta página se fabricó en 1774, se trata de un típico diseño inglés de mediados de siglo XVIII, y refleja el intervalo de tiempo transcurrido hasta que los diseños ingleses llegaron a Irlanda. Además, en este país las modas solían ser más duraderas. El asa de esta pieza está más trabajada que las que suelen encontrarse en las jarras inglesas y refleja el gusto irlandés por la decoración.

RECIPIENTES PARA BEBER

Contrastes
Las jarras suelen llevar los contrastes en la base o en el cuerpo, a un lado del asa y cerca del borde. En las tapas, la posición de los contrastes varía.

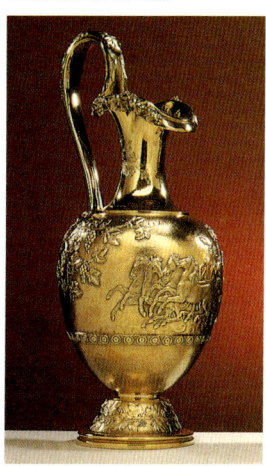

Esta original jarra de cerveza se fabricó en pareja; una llevaba grabada la letra «A», y la otra, la «B», en el asa. Fueron fabricadas en 1733, son piriformes y están decoradas con un buen escudo de armas de principios del período Rococó. Al igual que los picheles de esa época (págs. 88 y 89), el resto del cuerpo es liso.
• Durante ese período las jarras tenían tapa, y algunas se usaban para contener agua caliente. Las letras «A» y «B» de estas piezas significan «*Ale*» y «*Beer*», una clara indicación de su función original.
• Cualquier jarra fabricada en pareja es particularmente apreciada.

Esta jarra de 1835 está decorada con una escena clásica de Aurora en su carro. La decoración aplicada alrededor del borde y de la base indica que se empleaba para servir vino en la mesa. Estas valiosas jarras siempre son pesadas y de plata dorada. Ésta es de Paul Storr, por lo que su valor es doble.

Aguamaniles
Los aguamaniles son poco comunes ya que sólo se fabricaron durante los reinados de Jorge I y de Ana. Éste (arriba) fue elaborado por Simon Pantin en 1717. Los aguamaniles siempre tenían tapa, eran más pequeños que las jarras para cerveza y de forma ovalada. No aparecen orificios de aislamiento en el asa. Originalmente, iban acompañados de una jofaina diseñada para ser sostenida por debajo de la barbilla. Ambos componentes suelen separarse, y los aguamaniles se venden sueltos. Los contrastes y el escudo de ambos elementos deben coincidir.

95

TÉ Y CAFÉ

Servicio de té victoriano de cuatro piezas, de Joseph y John Angell, Londres, 1845.

Los artículos de plata asociados al té y al café constituyen una amplia área de coleccionismo. Aparte de los recipientes principales, existe una variedad enorme de objetos, como teteras, azucareras, jarritas para leche, cajas y cucharillas para té, tenacillas, soportes de tetera y bandejas para cucharas. En Inglaterra se conservan muchos de estos objetos, que, sin embargo, son más difíciles de encontrar en Estados Unidos (págs. 148 y 149).

Las teteras del siglo XVIII eran pequeñas, debido al elevado precio del té, que en ese momento se consideraba un producto de lujo propio de las clases acomodadas. Aunque las formas fueron variando a lo largo de los años, la decoración era mínima y, en la mayoría de los casos, quedó reducida a pequeños motivos grabados o de cincelado plano en el hombro de las teteras esferoidales y en el de las escocesas. Las piezas de finales del siglo XVIII se adornaban con atractivos grabados de lustre. A mediados de ese siglo, dejaron de fabricarse teteras pequeñas en Inglaterra, aunque siguieron elaborándose en Escocia.

Las teteras pequeñas fueron sustituidas por otras de mayor tamaño (*kettles*) y, más adelante, alrededor de 1760, aparecieron los samovares. Las teteras grandes eran costosas debido a su tamaño, a su complejidad y al hecho de que estaban ampliamente decoradas con cincelado plano. La mayoría de estas piezas se vendían con un soporte a modo de salvilla que, entre 1730 y 1750 solía ser de forma triangular. Hoy en día, estos soportes casi nunca se encuentran junto con las teteras y, en ocasiones, se venden como bandejas.

Aunque a principios del siglo XVIII ya se fabricaban samovares, no se pusieron de moda hasta 1760. Algunos ejemplares tenían un quemador, aunque la mayoría se calentaba mediante una barra de hierro ardiente colocada en su interior, lo que constituía una manera de calentar mucho más limpia. Los samovares se elaboraban en gran variedad de diseños, pero su forma básica era siempre ovoide o de copa. Aunque las teteras y los samovares son decorativos, no son muy populares entre los coleccionistas por su gran tamaño. Como con cualquier objeto de plata empleado con fuente directa de calor, asegúrese de que no esté desgastado. Los contrastes de la base suelen borrarse.

Al igual que las teteras, las cafeteras suelen ser lisas, aunque algunas antiguas tenían decoración de recortes. Existen algunas piezas de estilo Rococó de mediados del siglo XVIII. Tanto las teteras octogonales como las cafeteras de principios del siglo XVIII tienen mucha demanda y, al ser poco comunes, alcanzan precios altos. Las cafeteras antiguas tenían el pitón de fundición generalmente en ángulo recto con respecto al asa y a veces con una tapa articulada. Hasta 1730 las cafeteras tenían el cuerpo recto, después se desarrollaron las de forma abombada con el pie insertado y, hacia 1760, éste fue reemplazado por uno en forma de copa. Algunas cafeteras elaboradas en la época de la Regencia tienen un soporte y un quemador. Las chocolateras sólo se fabricaron hasta 1730. Eran prácticamente idénticas a las cafeteras, pero tenían un remate articulado o separable en la tapa, a través del cual se introducía una varilla para mezclar el sedimento de chocolate. Es de gran ayuda conocer las formas de las cafeteras y de las teteras para poder determinar su fecha de fabricación, aunque debe recordarse que muchos estilos del siglo XVIII se reprodujeron en los siglos XIX y XX. Verifique siempre el contraste del platero. Las reproducciones son bastante menos valiosas que las piezas originales.

Los servicios de té y de café anteriores a 1790 son poco comunes. La mayoría de ellos son de la época victoriana y se fabricaron en infinitas variedades, generalmente con estuches de madera a medida y con bandejas a juego. Debido a que se encuentran servicios de muchos estilos, son piezas muy populares entre los coleccionistas actuales.

Las cajas para té solían ser costosas y muy trabajadas, debido al precio del producto. Las piezas antiguas de forma oblonga llevaban escudos de armas grabados. La calidad decorativa de los ejemplares de mediados del siglo XVIII puede ser muy alta. A partir de 1730, las cajas se manufacturaban en parejas con una azucarera a juego. Algunas fueron ideadas para guardarlas dentro de un estuche con cierre. Es interesante apreciar que, alrededor de 1760, se empezaron a fabricar las cajas con cerradura, paradójicamente cuando el té estaba dejando de ser un producto de lujo. Aunque la mayoría de estas piezas datan del siglo XVIII, más adelante se fabricaron reproducciones de menor tamaño, muy escasas hoy en día.

Las azucareras de principios del siglo XVIII son poco comunes. La mayoría de ellas datan de finales de ese siglo y poseen una combinación de formas clásicas y de bellos grabados que las convierten en un objeto perfecto para colección. Las jarritas de crema de leche y de leche se fabricaron en gran variedad de formas y de tamaños. Los modelos más antiguos tenían el pico pequeño y probablemente se empleaban para la leche. A partir de 1720 se fabricaron recipientes con una abertura mayor, más adecuados para la crema de leche. Una creativa variante de la jarra de crema es la de forma de vaca (pág. 156), elaborada en el siglo XVIII por John Schuppe.

TETERAS 1

Original tetera de plata estilo Jorge I, de Samuel Wastell, Londres, 1711; altura 15 cm; código de precios A.

Cuestionario para identificar una tetera de finales del siglo XVII-principios del siglo XVIII:
1. ¿Es de cuerpo piriforme?
2. ¿Tiene el asa y el remate de madera? (aquí las asas originales han sido reemplazadas por unas de marfil)
3. ¿Lleva el cuerpo los contrastes en hilera por el reverso?
4. ¿Aparecen desdibujados el contraste del platero y el de la cabeza de león en la tapa?
5. ¿Está fija la bisagra de la tapa?
6. ¿Está intacta la juntura?
7. ¿La tapa tiene forma de cúpula?

Teteras antiguas

Las teteras antiguas datan de tiempos de la reina Ana. A principios del siglo XVIII, se empezó a consumir té en grandes cantidades, aunque era muy caro. Esto se ve reflejado en el tamaño de muchas teteras antiguas (normalmente entre 15 y 20 cm de altura). En esta época, las teteras cambiaron de forma, pasando de piriformes a principios de siglo a esferoidales a mediados. Más adelante se fabricaron con forma de tambor, y después octogonales durante un corto período de tiempo (hacia 1710-1725). Estas últimas son poco comunes y, actualmente, muy valiosas.
• Las teteras antiguas tenían el asa y el remate de madera. Durante el período de la Regencia, estos elementos se fabricaron de marfil, y en el siglo XIX, de plata.

Estado de conservación

Muchas teteras están dañadas debido a un uso excesivo. Asegúrese de que no goteen ni tengan alguna reparación en el pitón, el asa, la bisagra o las junturas soldadas. Muchas piezas pueden tener en su interior manchas de color marrón oscuro que oculten desperfectos. Si el interior está reluciente, la tetera puede haber sido restaurada. La bisagra de la tapa puede ser un buen indicador del desgaste. En los ejemplares antiguos, cerciórese de que las asas de madera no están flojas ni podridas. Las asas y los remates pueden haber sido reemplazados.

Las tapas planas son una

TÉ Y CAFÉ

característica antigua, como también lo es la forma piriforme invertida de esta pieza (arriba). El pitón octogonal y los casquillos del asa de este ejemplar de René Hudell (1719) lo hacen muy valioso. Las cenefas grabadas donde la tapa desciende sobre el cuerpo disimulan hábilmente la juntura.

Teteras esferoidales

Las teteras esferoidales se fabricaron hacia 1730-1745 y son poco comunes hoy en día. Algunas tenían una tapa separable. Estas teteras no suelen venderse a buen precio a menos que la tapa posea el contraste del platero y el del león pasante. Algunos ejemplares no tienen juntura, ya que se elaboraban en una sola pieza, y la base se colocaba después de fijar la bisagra y la tapa. Tras 250 años de uso, en este tipo de teteras la tapa se suele aflojar y es casi imposible reparar la bisagra.

Ésta es una tetera esferoidal típica de su época, que tiene el remate de plata (abajo). En ocasiones, los remates son de madera y llevan un tornillo plateado y un soporte con forma de bobina. En estos ejemplares no debe faltar ninguno de estos componentes.

Decoración

Las teteras esferoidales de mejor calidad están finamente grabadas en la parte más abombada y poseen un nítido escudo de armas. Las piezas lisas son menos valiosas. Las de estilo reina Ana suelen ser lisas, pero algunos excelentes ejemplares de los plateros hugonotes están embellecidos con decoraciones de recortes. La mayor parte de la plata doméstica estilo Jorge I no está adornada, y las teteras no son ninguna excepción aunque, en torno a 1730, las de forma esferoidal solían tener cenefas de máscaras grabadas en la parte abombada y en la tapa. Es importante tener en cuenta la presencia de un buen escudo; si éste ha sido borrado, suele ser difícil eliminar el ligero hundimiento resultante.

Algunas teteras de las provincias inglesas son similares a las escocesas. Ésta fue fabricada en Newcastle en 1757 (arriba). El original pitón, envuelto en pétalos, también aparece en algunos ejemplares hechos en Exeter por Elston y Symonds. Al contrario de lo que ocurre con la mayoría de las teteras esferoidales, en las de este tipo la bisagra es accesible y fácil de reparar. Se fabricaron otras piezas en York, entre las cuales se encuentra algún bello ejemplar de finales del siglo XVIII, de cuerpo cuadrado y plano, obra de Hampton y Prince.

99

TETERAS 2

Tetera de plata de Hester Bateman, 1780; altura 11,5 cm; código de precios D.

Cuestionario para identificar una tetera de finales del siglo XVIII:
1. ¿El cuerpo es ovoide o con forma de tambor?
2. ¿Tiene el borde perlado o de filigrana?
3. ¿Existe algún indicio de reparación, especialmente en el interior, en la base?
4. ¿Está desgastada la bisagra?
5. ¿Tiene un buen escudo de armas? (éste está algo borroso, lo que reduce su valor)
6. ¿Hay grietas en el pitón?
7. ¿Es reluciente por dentro? (esto es motivo de sospecha)

Teteras modernas

La fabricación de teteras inglesas resurgió con fuerza hacia 1780. Se volvieron a poner de moda las formas simples, tanto por un retorno a la moda neoclásica como por la abundancia de láminas de plata de bajo calibre. Muchos plateros aprovecharon las ventajas de estos avances, aumentando la producción y reduciendo los costes. Aunque muchas piezas tienen una atractiva decoración, no son tan sólidas como las anteriores. Se elaboraron con cuerpos más ligeros y los pitones ya no eran de fundición. Además, al ser de lámina, tenían una juntura visible. Con el uso continuo, ésta se puede agrietar, y la reparación es complicada. Además, la punta del pitón se daña fácilmente. La sustitución de escudos de armas en este tipo de teteras las debilita y rebaja mucho el grosor del metal.

Las teteras con forma de tambor se fabricaron durante unos años en la década de 1770. Es posible convertir este tipo de piezas en cajas para té, extrayendo el pitón y el asa, aunque a veces la tapa no encaja después adecuadamente. Estos recipientes suelen tener una atractiva cenefa grabada tanto en la parte superior como en la inferior. Existen muchas falsificaciones, por lo que se debe ir con cuidado. Todas las tapas han de poseer los contrastes del león pasante y del platero.

En el siglo XIX las teteras solían hacerse con soportes separables. Éste debe corresponder siempre

TÉ Y CAFÉ

al estilo de la tetera, y cualquier decoración o escudo de armas deben ser idénticos. En general, los soportes eran de madera revestida de plata y carentes de pies, o bien imitaban a las salvillas con pies de la época (págs. 46 y 47).
• La decoración de grabado de lustre se cotiza a precios más altos si está en buen estado.

Soportes
Con frecuencia, los soportes y las teteras se separan, y los primeros se venden sueltos. Los de forma de salvilla son los más comunes.

Decoración
Algunas teteras de finales del siglo XVIII son lisas y tienen un blasón o un escudo colocado entre bordes de filigrana o perlados. Éstas suelen ser de mayor calibre que otros ejemplares. En otras piezas son comunes el grabado normal y el de lustre, aunque a menudo se encuentren en mal estado por su frecuente uso. En las teteras de tapa plana, la decoración a veces se extiende hasta la parte superior del recipiente. Más adelante se aplicó decoración cincelada. En las piezas del período de la Regencia, los adornos solían ser de fundición.

Después de 1800, el cuerpo ovoide pasó a ser oblongo, y se sostenía sobre cuatro pies esféricos. Aunque estas teteras son corrientes y más prácticas que las antiguas, son las menos solicitadas por los coleccionistas. Suelen ser de mala calidad: su gran pitón tiende a dañarse fácilmente y los pies esféricos y huecos tienden a desgastarse. En general, estas teteras tienen el cuerpo ahusado. También es común que posean una cenefa de prominencias y estrías, donde pueden originarse grietas verticales. Después de esta época, las teteras solían fabricarse para servicios de té.

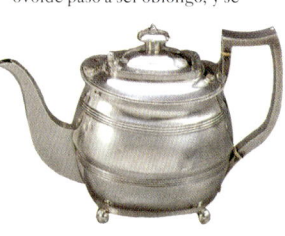

Teteras escocesas
Las teteras escocesas se identifican con facilidad por la forma de su cuerpo, que es completamente esférico (abajo) o bien ligeramente aplanado.

Otras características incluyen:
• Un pie alto.
• Un pitón alargado.
A diferencia de las teteras de Londres, las escocesas siguieron fabricándose durante el siglo XVIII.

Ésta es una tetera típicamente escocesa de 1727. Otras piezas de esta época tenían el asa de plata en lugar de poseer una de madera.
• Algunas teteras modernas escocesas están decoradas con cincelado.

101

CAFETERAS 1

Cafetera del siglo XVIII de Thomas Farrell, 1730; altura 24 cm; código de precios C.

Cuestionario para identificar una cafetera de principios del siglo XVIII
1. ¿Aparecen los contrastes en hilera, a la derecha del asa, o se encuentran bajo el pie?
2. ¿Lleva la tapa el contraste del león pasante y el del platero? (a partir de 1784, también el de aranceles)
3. ¿Hay en el cuerpo algún escudo de armas original?
4. ¿Concuerdan las proporciones de la cafetera con su fecha de fabricación? (las discrepancias pueden indicar que la cafetera ha sido transformada a partir de un pichel)
5. Si la pieza está hecha en Inglaterra, ¿tiene el asa de madera? (la plata, el marfil y las asas compuestas suelen ser adiciones recientes y reducen su valor)
6. ¿Tiene el interior un tono o un aspecto apagado? (si es reluciente, puede haber sido alterado)
7. ¿Posee alguna decoración de cincelado liso?

Cafeteras
La mayoría de las cafeteras y chocolateras datan de 1700 en adelante, cuando estas bebidas se hicieron populares, aunque existen algunas anteriores. Suelen ser de tamaño similar, pero en 1700 algunos plateros reconocidos fabricaron un número de cafeteras mucho más pequeñas de lo habitual. Hoy en día son piezas muy valiosas. Las de estilo reina Ana sólo suelen llevar un escudo de armas o alguna decoración de recortes.
• Las tapas antiguas tienen forma de cúpula. Más adelante fueron aplanadas y, a finales de siglo, volvieron a fabricarse elevadas.
Las cafeteras antiguas, como ésta de 1702, tienen tapas altas de cúpula (pág. 103, arriba).

TÉ Y CAFÉ

Motivos heráldicos

El escudo o el monograma solía colocarse opuesto al asa, para que fuera siempre visible cuando se empleaba la cafetera. El que se muestra en la cafetera de la página anterior abarca una parte importante de la superficie. Las piezas de esta época deben examinarse minuciosamente, ya que los motivos heráldicos borrados o sustituidos pueden reducir su valor.

El asa solía colocarse en ángulo recto al pitón; el cuerpo carecía de adornos. Las tapas articuladas y la presencia de variadas decoraciones aumentan el valor de la pieza.
• Las cafeteras son populares entre los coleccionistas; las de buena calidad alcanzan precios altos.

Decoración

Durante el siglo XVIII, la decoración se volvió más variada. Las cenefas de cincelado plano fueron corrientes en torno a 1740, al igual que los cartuchos asimétricos y los pies insertados. Las cafeteras irlandesas solían estar decoradas con cinceladas. Sin embargo, en Inglaterra la decoración de volutas, conchas y flores no predominó hasta la época victoriana.

Hacia 1740, las cafeteras tenían un pie insertado. Este ejemplar luce una decoración típica de la época, que consta de cenefas cinceladas (arriba). El pitón está envuelto por unos recargados adornos de hojas que dan equilibrio a la ornamentación de volutas de los casquillos del asa. Asegúrese de que el escudo de armas no se haya borrado.
• La mayoría de las cafeteras inglesas tenían una elegante asa de madera. Es muy probable que este elemento se haya reemplazado, lo que reduce el valor de la pieza.

Chocolateras

Las chocolateras se fabricaban de un estilo y un diseño idénticos a los de las cafeteras, pero con remates articulados. Éstos podían levantarse para introducir una varilla a fin de mezclar el chocolate. Esta chocolatera data del 1715 y tiene un remate articulado que lleva incluso una cadena, para evitar su pérdida. La calidad de la pieza se refleja también en los casquillos del asa, que ayudan a soportar el peso de la chocolatera.

Contrastes

Se valora que los remates articulados tengan algún contraste, aunque no es esencial.

103

CAFETERAS 2

Cafetera de finales del siglo XVIII, de James Young, 1769; altura 24 cm; código de precios C.

Cuestionario para identificar una cafetera del siglo XVIII:
1. ¿Es el cuerpo abalaustrado o piriforme?
2. ¿Se sostiene la cafetera sobre un amplio pie?
3. ¿Posee una tapa escalonada o de cúpula?
4. ¿Existen molduras acanaladas en el borde del pie y en el cuerpo?
5. ¿Tiene el pitón forma de pico de pájaro?

Cafeteras modernas

A mediados del siglo XVIII aparecieron las cafeteras de forma abalaustrada con tapas de cúpula más altas que en los ejemplares anteriores. Las piezas cinceladas no tienen tanta demanda como las más lisas, a menos que la decoración sea de alta calidad. Aunque el ejemplar de esta página (arriba) está ligeramente abollado, es bastante más costoso que el de la derecha. Estos daños influyen poco en el precio, ya que se pueden restaurar fácilmente.

Valor

El valor depende de una combinación de elegancia y calidad. Un buen fabricante, el peso y el color determinan las diferencias de precio.

Esta cafetera, fabricada en 1765, tiene un pie elevado y está extensamente decorada con un diseño floral cincelado (arriba). Raras veces se encuentran piezas

TÉ Y CAFÉ

anteriores a la época victoriana en las que los adornos cubran el cuerpo entero. El dibujo de este ejemplar es el original de la cafetera; si se cincelado fuera victoriano tendría un aspecto más repetitivo.

Restauración

Es importante asegurarse de que las cafeteras restauradas no se han pulido en exceso después del proceso, ya que esto puede desgastar el metal y afectar la decoración y la pátina de la superficie. Procure siempre reparar las asas viejas, puesto que, si la reemplaza por una nueva, ésta no estará adaptada al normal envejecimiento del resto de la pieza.

Los bordes acanalados son

Coleccionismo

Antes de adquirir una cafetera como la que se muestra a la izquierda, se deben examinar:
• Las superficies lisas: puede faltar un escudo.
• Cualquier escudo: debe corresponder al período de la pieza.
• La bisagra: suele necesitar reparación.
• Los casquillos del asa: pueden estar desgastados y necesitar algún ajuste.

características de muchas cafeteras de alrededor de 1760. Las piezas como ésta suelen ser macizas y de buena calidad y son muy apreciadas por los coleccionistas. El pitón con forma de cabeza de pájaro es decorativo y práctico. Se confeccionó según la técnica de fundición y por ello resulta difícil de dañar.

Hacia finales del siglo XVIII estaban de moda las cafeteras con forma de copa. Este diseño es doblemente atractivo porque puede emplearse como jarra o como cafetera. Otras características corrientes de la época son:
• Los bordes perlados, de filigrana o fileteados; aquí la tapa está decorada con uno perlado y el pie tiene uno fileteado.
• Los grabados de lustre, indicativos de alta calidad.
• Las asas de marfil; aunque suelen agrietarse, esto no suele afectar el valor de la pieza si no están demasiado dañadas.

Jarras para agua caliente

Esta pieza fue fabricada en 1751. Los recipientes con esta forma suelen denominarse jarras de agua caliente y son menos valiosos que los que tienen pitones. Aunque el borde de moldura acanalada y el remate en forma de bellota son signos de buena calidad, esta pieza puede valer menos de la mitad que el recipiente de la página anterior (arriba).
• Es posible que estas jarras se fabricasen y empleasen para contener café turco, puesto que se vierte mejor con un pico que con un pitón.

SERVICIOS DE TÉ

Servicio de té típico del estilo Jorge IV, hacia 1823; código de precios C.

Cuestionario para identificar servicios de té de estilo Jorge IV:
1. ¿El servicio es pesado?
2. ¿Están todas las piezas marcadas de forma idéntica?
3. ¿Están parcialmente contrastadas y encajan todas las piezas separables (tapa, base, quemador)?
4. ¿Corresponde el diseño al período de fabricación?
5. ¿Está intacto el acanalado? (sin grietas ni reparaciones soldadas)
6. ¿Hay una zona más delgada en el cuerpo donde se haya borrado un escudo de armas?
7. ¿Están firmemente fijadas las bisagras?

Servicios de té

Aunque desde principios del siglo XVIII se fabricaban piezas en conjunto, la idea de un servicio de té no se puso de moda hasta 1790. Existen abundantes ejemplares y tienen mucha demanda. La mayoría se adquiere para exhibir. Los diseños suelen ajustarse a las modas de la época. En torno a 1790, los servicios de té tenían elegantes grabados de lustre. En el período de la Regencia, eran macizos y muy decorativos. En la época de la reina Victoria se produjeron a gran escala y con abundante ornamentación.
• Este servicio de té (arriba) tiene un pie central elevado, que lo hace más resistente que los que se colocan sobre cuatro pies.

Coleccionismo

Un servicio de tres piezas consistía en una tetera, una azucarera y una jarrita para crema de leche. Un servicio de cuatro piezas incluye una cafetera. Sin embargo, existen muchas variantes y, generalmente, cuantas más piezas tenga el servicio, más valioso será. Otros artículos son grandes teteras, jarras para agua y para leche. El valor de un servicio siempre es mayor que el de las piezas sueltas. En el pasado, era común ofrecer estos ejemplares a modo de premio.

Estado de conservación

La pieza más utilizada del conjunto suele ser la tetera, cuyo desgaste es un buen indicador del estado general de aquél. Asegúrese de que no haya daños en los pies ni indicios de posibles reparaciones en el cuerpo fundido. Los remates victorianos de águila suelen dañarse y, puesto que también se copiaban en contraplacado, cerciórese de que la pieza lleva en el suyo los contrastes correspondientes al cuerpo.

Este antiguo y original servicio de Peter y Anne Bateman (pág. 107,

TÉ Y CAFÉ

arriba), de 1791 está decorado con un grabado de lustre, típico de la época. Varias características añaden atractivo:
• Su forma elegante.
• Los escudos de armas correspondientes en todas las piezas.
• El grabado de lustre en buen estado.

El servicio incluye una caja para té a juego, algo poco común.

El diseño de este servicio (arriba) era popular a mediados del siglo XIX. Éste es un conjunto fabricado por Roberts y Hall en Sheffield, que comprende tres piezas y una jarra de agua adicional. Esta última y la cafetera, que aquí aparecen, muestran la diferencia que existe entre las jarras, que tienen pico, y las cafeteras, teteras y chocolateras, que tienen pitón. Son siempre más valiosas las piezas con pitón.

Servicios de té victorianos y modernos

Hoy en día, la mayoría de los servicios de té que se encuentran en el mercado son de la época victoriana o posteriores. La decoración con escenas bucólicas, en repujado y cincelado, de este servicio de seis piezas (abajo) de 1877 está inspirada en el artista Teniers. El primero en adaptar este tipo de decoración a los servicios de té fue Edward Farrell, un conocido platero, hacia 1820.
• Asegúrese de que cada pieza lleve los mismos contrastes, ya que este diseño se realizó en más de un taller.
• Como en cualquier decoración de mucho relieve, compruebe que las zonas que sobresalgan no tengan detalles dañados.
• Los servicios más modernos a veces incluían bandejas grandes a juego.

107

CAJAS PARA TÉ 1

Cajas para té de estilo Jorge III con estuche de carey y monturas de plata, de Daniel Smith y Robert Sharp, Londres, 1766; longitud del estuche 26 cm; código de precios C.

Cuestionario para identificar una caja para té estilo Jorge III:
1. ¿Lleva cada una de las cajas un juego completo de contrastes en la base?
2. ¿Posee la tapa de cada caja el sello del león pasante y el del platero?
3. ¿Es el escudo de armas coetáneo de la pieza?
4. ¿Han sufrido los pies algún daño?
5. ¿Están intactos los remates?
6. ¿Está entero el carey del estuche?
7. ¿Encajan adecuadamente las cajas en el estuche?
8. ¿Existe algún blasón o escudo de armas en el estuche que corresponda con el de las cajas?

Cajas antiguas para té

Las cajas antiguas datan de la época de la reina Ana, cuando el té se convirtió en una bebida más corriente. Como aún seguía siendo un producto de lujo, las cajas para té solían estar bien construidas y, hoy en día, son valiosas. Las piezas más antiguas son de forma oblonga u ovoide. Alrededor de 1780, se introdujeron las cucharas para medir el té (pág. 171). Las cajas antiguas llevaban por lo general un recipiente interior de plomo, que raras veces se conserva. Muchos ejemplares son lisos y poseen un escudo de armas o un blasón.

Cajas modernas para té

Inicialmente, las cajas se fabricaron en parejas para contener los dos tipos de té del momento, el negro y el verde. A mediados del siglo XVIII se vendían con un cuenco, probablemente para servir el azúcar. También existen cajas con un estuche, que suele ser una obra de arte por sí mismo (arriba). A finales del siglo XVIII, las cajas tenían un cierre, aunque por aquel entonces el té no era tan costoso como anteriormente. Además, se elaboraban piezas sueltas y de mayor tamaño, en ocasiones con una división interior para poder guardar dos

TÉ Y CAFÉ

tipos de té. Tiene mayor valor una pareja que una pieza suelta, pero sin la gran diferencia que existe en la mayoría de los objetos de plata.

Estado de conservación

Algunas cajas modernas son menos resistentes, así que asegúrese de que no tengan grietas en los lados ni en los pies.

Esta caja de 1714 tiene una forma muy atractiva (bajo estas líneas), que se refleja en su precio. Cada pieza debe llevar un juego completo de contrastes en el cuerpo, además del sello del platero y el de la cabeza de león, en la base. La tapa de esta muestra está marcada, pero esto no siempre ocurre en las más antiguas.

Esta caja (arriba, derecha) data de 1729 y es mucho más práctica que la anterior. En lugar de poseer una tapa deslizante con un medidor separable, en este ejemplar la tapa es articulada, lo que significa que no puede extraviarse. Además, se rellena con mucha más facilidad.

Esta caja para té es una de las más antiguas que aparece como parte de un estuche conteniendo un conjunto de dos recipientes y una gran azucarera. Éste solía combinar con el diseño de líneas simples de la caja y poseía una sencilla chapa lisa y un cierre. Los ejemplares posteriores fueron más complejos. El medidor de las cajas anteriores se empleaba para calcular la cantidad de té. Alrededor de 1770 aparecieron para este mismo propósito las cucharas de té. Paul de Lamerie fabricó un juego en 1701 que incluye una pareja de tazas y 13 cucharas idénticas, seguramente utilizadas para medir el té.

Cajas para té de estilo Rococó

Este elegante conjunto de tres cajas de mediados del siglo XVIII (abajo) refleja el retorno hacia la decoración de estilo Rococó y de motivos chinescos, muy popular en la época. Para determinar si las piezas son fundidas o cinceladas, examine los detalles decorativos. Las de fundición son todas idénticas, mientras que las cinceladas presentan diferencias leves. Además, las primeras son mucho más pesadas.

109

CAJAS PARA TÉ 2

Esta pareja de cajas octogonales estilo Jorge III fueron fabricadas por James Phipps en 1775. Se complementan con un estuche original esmaltado con adornos dorados y asa articulada de voluta. Más adelante se incorporaron cierres a las propias cajas, por lo que los estuches se volvieron innecesarios. Lo mismo ocurrió con los grandes cuencos de azúcar, ya que éste pasó a servirse en cestitas.

Cincelado

Las superficies lisas de plata eran más corrientes que las de decoración cincelada. Este tipo de ornamentación sólo incrementa el valor de una pieza si se conserva en buen estado. Asegúrese de que no existan reparaciones soldadas ni agujeros en los relieves.

La forma rectangular de esta caja de 1764 fue muy popular hasta la década de 1770 (abajo). Esta pieza formaba parte de un juego de tres elementos, junto con otra igual y una azucarera. La sobria decoración con cincel es típica de la época. Busque indicios de posibles reparaciones en las esquinas.

Daños

Este tipo de cajas se fabricó en el momento en que se popularizó la plata laminada. Algunos ejemplares son bastante delgados y vulnerables al desgaste.
• Las decoraciones del remate son propensas a dañarse; debe comprobarse siempre que no tengan soldaduras.

Samuel Taylor fabricó esta caja para té en 1756 (abajo), y tanto la forma como la decoración cincelada son típicas de la época y de los trabajos de este reconocido platero. El pie es fundido y muy resistente, pero las hojas aplicadas en la tapa suelen estar deterioradas. A pesar de la trabajada decoración, existe lugar para un escudo de armas. Debido a los motivos cincelados, estas piezas no son apreciadas a pesar de la cantidad de trabajo que se ha invertido en ellas. Se fabricaban en juegos de tres piezas.

Éste tipo de cajas siempre son de buena calidad y están muy solicitadas en la actualidad. Este

TÉ Y CAFÉ

ejemplar fue fabricado por Vere y Lutwyche en 1770 (arriba). La decoración es de inspiración oriental. El remate fundido en forma de planta de té está fijado con un tornillo; asegúrese de que esté intacto. El grabado es una característica de estas cajas, y el diseño de caracteres chinos está inspirado en las inscripciones de los paquetes del té importado por Inglaterra. En algunas piezas, los motivos están invertidos, lo que demuestra que el grabador los había copiado al revés. A diferencia de la bisagra que lleva la caja de la derecha, que suele aflojarse, las que permanecen ocultas, como en esta pieza, no requieren tanta atención.
• Este tipo de cajas se suelen vender sueltas.

Esta caja (arriba, derecha) es una muestra típica de las que se fabricaron en grandes cantidades y con pocas variaciones a finales del siglo XVIII. En ocasiones formaban parte de un servicio de té. Todas ellas se decoraban con grabados de lustre. Algunos ejemplares de cuerpo ovoide están compuestos por pequeñas piezas rectangulares. Éstas se producían con láminas de metal y suelen ser livianas, por lo que hoy en día pueden estar muy desgastadas.

La bisagra se encuentra en la parte posterior de la tapa y puede estar en mal estado. Es muy difícil reparar una tapa floja, por lo que se recomienda evitar estas piezas. Las cajas solían tener cerradura. Ésta se puede haber extraviado y raras veces posee la llave original. Normalmente, los remates son separables y bastante simples en comparación con los de los ejemplares más antiguos. Pueden ser de madera, plata o marfil teñido de verde. El de esta pieza tiene forma de piña.

Cajas escocesas para té

Las cajas escocesas anteriores al estilo Jorge IV son poco frecuentes. Al igual que muchos objetos de plata de la época, esta pieza de 1818 está detalladamente cincelada. Algunas cajas poseen una división interior que debe llevar contrastes. Asegúrese de que el cincelado y los pies están en buen estado.

Estas cajas son grandes. En algunas se añadían un pitón y un asa para convertirlas en teteras del mismo tamaño que las cajas de la época. A éstas suelen faltarles los contrastes adecuados. Esta muestra tiene una gran asa articulada, nada común en los ejemplares del siglo XVIII, y un cierre, entonces innecesario.

111

AZUCARERAS

Azucarera de plata estilo Jorge III, de William Abdy, Londres, 1798; longitud 16,5 cm; código de precios E.

Cuestionario para identificar una azucarera de finales del siglo XVIII:
1. ¿Lleva el cuerpo todos los contrastes?
2. ¿Tiene también el asa algún contraste?
3. ¿Existe en el cuerpo algún escudo o blasón originales?
4. ¿Posee un pie central?
5. ¿Están intactas las articulaciones del asa?
6 ¿Carece el asa de roturas?
7. ¿Mide aproximadamente 16,5 cm de longitud?

Evolución de estilos

A finales del siglo XVIII, el azúcar solía guardarse en cajas de plata, que se siguieron utilizando durante la época de la reina Ana. Dado que el azúcar se cultivaba en las Indias Orientales, no sorprende el hecho de que se encuentren numerosas cajas de este tipo en Estados Unidos. A principios del siglo XVIII, el azúcar se servía habitualmente en cuencos de plata, muchos de los cuales tenían una tapa reversible que sostenía la cuchara. A mediados del siglo XVIII se fabricaron remates en forma de cono para las tapas. Más adelante, las azucareras tenían el cuerpo en forma de copa y poseían una tapa adaptada para sostener una cuchara. Éstas desaparecieron hacia 1770, y los cuencos fueron reemplazados por azucareras más grandes y abiertas (págs. 106 y 107).

Hoy en día, las piezas como la de esta página (arriba) suelen venderse como cestas, tanto para azúcar como para dulces. En ocasiones, llevaban un recipiente interior de vidrio, a pesar de que los cuerpos calados no aparecieron hasta la época victoriana. El cuerpo de este modelo de gran calidad es liso, aunque la mayoría tiene bellos grabados de lustre.
• Evite las azucareras ligeras.

Esta azucarera antigua (pág. 113, arriba), fabricada por James

TÉ Y CAFÉ

Copa para azúcar

El desarrollo de estilos culminó con diseños como el de este modelo con tapa (arriba); sus predecesoras inmediatas eran idénticas a las cajas para té de la época (pág. 110).

Goodwin en 1726, es lisa, aunque algunos ejemplares pueden poseer un blasón o un escudo. Asegúrese de que los contrastes de la tapa concuerden con los del cuenco. Procure no adquirir la base suelta. Las azucareras de cuenco son poco comunes.

Esta azucarera en forma de cesta (abajo) es un atractivo modelo victoriano, fabricado para ir suelto en 1857, por Barnard Bros. El recipiente interior de vidrio es difícil de reemplazar. Asegúrese de que el calado está en buen estado.

Esta azucarera de Paul de Lamerie (1746) formaba parte de un juego, junto con dos cajas. Son de muy buena calidad y todas poseen la misma forma. Este ejemplar está decorado con conchas, pero también eran muy populares las hojas, las máscaras de carnero y las colgaduras. En algunas piezas la tapa estaba adaptada para guardar la cuchara del azúcar. Ésta no suele conservarse. Los contrastes de este ejemplar están muy desgastados, por lo que su valor disminuye considerablemente.

Azucareras irlandesas

Hoy en día, existen muchas azucareras irlandesas en el mercado, como este ejemplar (abajo) de Cork, de 1760. La plata irlandesa de provincias está muy valorada entre los coleccionistas. Todas las azucareras irlandesas se parecen. Generalmente, poseen una decoración cincelada de flores y volutas.

Los pies están encabezados por una máscara humana o animal. El metal empleado suele ser de bajo calibre, por lo que muchas piezas se encuentran en mal estado. Cerciórese de que no existen daños en los pies ni en el reborde.

113

SAMOVARES

*Samovar del siglo XVIII, 1875;
altura 44,5 cm; código de precios D.*

Cuestionario para identificar un samovar de los siglos XVIII o XIX:
1. ¿Lleva todos los contrastes por el reverso (si es georgiano) o en el cuerpo (si es victoriano)?
2. ¿Posee la tapa el sello del platero, el del león pasante y el de la cabeza del soberano?
3. ¿Se le ha extraído alguna pieza del interior?
4. ¿Existe algún indicio visible de reparaciones? (los grifos y los pitones son especialmente vulnerables)
5. Si la base es separable, ¿lleva algún contraste?
6. ¿Funciona el grifo adecuadamente? (es importante, pero no esencial)

Samovares

Los samovares se fabricaron a partir de 1760. Probablemente servían para contener el agua caliente con la que después se llenaban las teteras. Existen algunos ejemplares con un quemador, pero la mayoría de ellos, y en especial los de contraplacado, tienen una manga cilíndrica interior que sostiene una barra de hierro, lo que resultaba igualmente efectivo. Sus tamaños y sus formas son muy variables. A pesar de su variedad y de su calidad decorativa, hoy en día los samovares no tienen mucha demanda, por lo que resultan muy asequibles.

Éste antiguo samovar de finales de 1760 (pág. 115, arriba)

TÉ Y CAFÉ

tiene una decoración con cincel de volutas y de flores, típica de mediados del siglo XVIII. Los motivos chinescos aumentan su valor. La pieza se halla sobre una base separable con calados. En los primeros samovares se calentaba el agua en su interior con carbón por unos conductos huecos. Asegúrese de que la pieza no tiene grietas y de que el calado está intacto.

Este tipo de samovares, del período de la Regencia, son muy valiosos. Éste fué fabricado por Paul Storr para Rundell Bridge y Rundell hacia 1810. Tiene la base integrada en el cuerpo y una típica cenefa decorativa de antemos. Sus pies y asas son de fundición, el mango de marfil y el contraste de un buen platero.

Teteras

Las teteras (*kettles*), que sirven para hervir el agua del té en la mesa, datan de 1730. Se componen de tres elementos: la tetera, la base y el quemador, que en ocasiones es separable. Suelen ser más pequeñas que los samovares y de menor capacidad y peso. Los ejemplares más antiguos son circulares y de forma relativamente sencilla. La que aparece abajo, fabricada en 1742 por Thomas Farren, es del estilo más popular de mediados del siglo XVIII. Tiene una gran asa articulada y un cuerpo bastante liso, adornado sólo con un escudo de armas y un sobrio cincelado. El decorativo calado que rodea la base es de fundición. Cerciórese de que no se le haya desprendido ningún trozo.

• Las teteras llevan los contrastes por debajo y, con frecuencia, son ilegibles por efecto de la llama del quemador.

Reproducciones

La popularidad de las teteras disminuyó después de 1760, aunque reaparecieron a mediados de la época victoriana como parte de los servicios de té. El samovar del siglo XIX de la página anterior es una reproducción de uno de 1780, aproximadamente. Refleja el estilo clásico de finales del siglo XVIII, pero tanto sus proporciones como su sobrio diseño lo delatan como una copia victoriana.

JARRAS PARA CREMA DE LECHE 1

Jarra para crema de leche de Francis Crump, Londres, 1742; altura 11,5 cm.

Cuestionario para identificar una jarra para crema de leche del siglo XVIII:
1. ¿Lleva los contrastes agrupados por debajo?
2. ¿El cuerpo se sostiene sobre un pie con reborde?
3. ¿Su forma es simple?
4. ¿Tiene el cuerpo alguna decoración?
5. ¿Tiene el tacto de una pieza maciza?
6. ¿Existe una juntura visible en su interior? (si es así, es de fundición).

Jarras para leche

Las jarras para leche se fabricaron por primera vez a principios del siglo XVIII. Las de estilo reina Ana se ajustan a las modas de las teteras de la época (págs. 98-101). Algunas piezas antiguas llevaban una tapa y un asa de madera. Éstas se empleaban para servir leche templada en lugar de crema. A partir de 1720 el tamaño de las jarras disminuyó, desaparecieron sus tapas y las asas comenzaron a fabricarse de plata.
• A finales del siglo XVIII, las jarras para crema y para leche se fabricaban en general como parte de los servicios de té y por los mismos plateros que elaboraban las teteras. Esta jarra (arriba), del siglo XVIII, es de buena calidad.
• Algunas jarras de principios del siglo XVIII son de fundición, y en ocasiones existe una juntura visible en su interior.

Contrastes

Las jarras para leche llevan los contrastes en el cuerpo o por el reverso. Muchos sellos antiguos estaban falsificados o añadidos para evitar los aranceles. Si se ven los contrastes de la base mirando en el interior del cuerpo, significa que la pieza es auténtica.

TÉ Y CAFÉ

Precauciones

Existen en el mercado actual muchas piezas de plata poco apreciadas y menos funcionales que se transforman en jarras para leche. Entre los artículos más comúnmente convertidos en éstas se encuentran:
• Los pimenteros.
• Los cálices.

Existen pocas jarras para leche caliente, como ésta de 1709 (arriba), y se cuentan entre las piezas más valiosas. Son bastante más grandes y pesadas que las jarras para crema, fabricadas posteriormente. Ésta mide 15,6 cm de altura y pesa 400 g. Su valor es varias veces superior al de la jarra de la página anterior.
• Las jarras deben llevar todos los contrastes por el reverso de la base, y alguno correspondiente en la tapa. Además, deben tener el de la cabeza de león, salvo en la época del Britannia (1697-1719).

Las jarras octogonales para crema de leche, como ésta (abajo) de William Looker (Londres, 1716), también tienen mucha demanda, y su precio es bastante más elevado que el de las de cuerpo liso abalaustrado de la misma época.
• La alta calidad de esta pieza se refleja en su elegante pico y en su borde reforzado con alambre, que le confiere mayor resistencia.

Esta jarra para crema de leche (bajo estas líneas), fabricada por Elizabeth Goodwin en 1730, es de fina calidad. Al igual que con cualquier otra, debe siempre cerciorarse de que no muestra signos de deterioro:
• Pies que se hunden en el cuerpo.
• Grietas en el borde.
• Indicios de un blasón borrado.
• Reparaciones en las asas.

Esta antigua jarra es una de las más solicitadas (arriba); existen algunas falsificaciones, también antiguas, fabricadas en ocasiones con la parte inferior de un especiero de la época, ajustando la base y añadiendo un asa y un pico nuevos.

Esta jarra fundida (abajo) de 1745 forma parte de un grupo de piezas similares de alta calidad, que actualmente tienen mucha demanda. La mayoría de ellas carecen de contrastes, aunque sólo se pueden atribuir a unos pocos plateros. Entre sus características más apreciadas destacan:
• Cuerpo, pie y asa de fundición.
• Lujosa decoración fundida y aplicada en el cuerpo.
• Asa extraordinariamente trabajada.
• Acabado dorado.

JARRAS PARA CREMA DE LECHE 2

Jarra para leche de mediados del siglo XVIII, 1751; altura 10 cm; código de precios F.

Cuestionario para identificar una jarra para leche de mediados del siglo XVIII:
1. ¿Lleva todos los contrastes por debajo?
2. Si tiene tapa, ¿aparece también en ella algún contraste?
3. ¿Es el asa de fundición?
4. ¿Están intactos el borde, el asa y la base?
5. ¿Es original el blasón?
6. ¿Están hundidos los pies en el cuerpo?

Jarras modernas para leche

Tras la introducción del pie separado alrededor de 1730, la forma de estas jarras varió. Ejemplo de los nuevos diseños fueron el de barco de la página 117 y el de vaca de la página 176. En Irlanda se fabricaron muchas en forma de casco, muy útiles para servir la crema de leche. Muchas piezas irlandesas del siglo XVIII llevan flores cinceladas en el cuerpo y máscaras de león en los pies. Aunque suelen ser de buena calidad, pueden tener grietas en el borde. Si han sido reparadas, la soldadura se vuelve visible al empañarla con el aliento. Algunas jarras inglesas con forma de casco de finales de siglo tenían el cuerpo acanalado, pero la mayoría sólo un simple grabado. Más adelante, las jarras se fabricaron como parte de un servicio.

A partir de mediados del siglo XVIII se fabricaron algunas jarras para leche muy decoradas y con asas y pies de fundición. Ésta (arriba), creada en 1747 por

118

TÉ Y CAFÉ

Benjamin Godfrey, tiene el cuerpo abalaustrado y con cincelados y una típica asa fundida en forma de vid.
• El cincelado puede haber sido reparado. Muchos agujeros se tapan con soldaduras de plomo aplicadas desde dentro, y éstas pueden volverse grises y son visibles cuando la plata se pule.
• Hasta finales del siglo XVIII, siguieron fabricándose jarras de esta misma forma, con pies más elevados y asas más simples.

Esta jarra de crema en forma de casco sobre tres pies es de estilo irlandés (arriba). Como muchos objetos de plata de mediados del siglo XVIII, carece de letra de fecha. Su estilo data de 1760. La mayoría de las piezas irlandesas son de buena calidad, más grandes y más pesadas que las inglesas. Ésta tiene los pies lisos, pero existen otras con pies encabezados por máscaras de león. El contraste de un platero conocido puede aumentar considerablemente su valor.

Esta elegante jarra para crema de leche (arriba) es obra de Hester Bateman, la más reconocida platería del siglo XVIII, y por ello vale el doble que si estuviera fabricada por cualquier otro.
• Este tipo de jarra también puede encontrarse con decoración de grabado de lustre, que aumenta considerablemente su valor.
• El perlado es típico de alrededor de 1780. Estas jarras también podían tener un borde de filigrana o uno fileteado, y algunas fueron decoradas con un borde de acanaladuras anchas y de perfil ondulado.

Cubos para crema de leche

Estos elegantes cubos con un recipiente interior de vidrio azul estuvieron de moda hacia 1770 y, en la actualidad, tienen una gran demanda.

Este moderno ejemplar (arriba), particularmente elegante, tiene el cuerpo calado y figuras de perros y gatos en su decoración.

Asegúrese de que el calado esté en buen estado. Las asas y los pies son especialmente vulnerables a los daños. Las piezas más modernas tienen un asa articulada que es más práctica.

Contrastes

Los cubos suelen llevar los contrastes en hilera, por debajo del reborde.

Coleccionismo

Se encuentran muchas jarras para crema de leche, en gran variedad de estilos y formas. Como las jarras son bastante económicas (excepto algunas antiguas para leche), constituyen una interesante área del coleccionismo. La mayoría aún se puede emplear o, en todo caso, exhibir en una vitrina.
• Cualquier pieza dañada o alterada debe evitarse, ya que se conserva gran cantidad de jarras en perfecto estado, entre las que escoger.

TETERAS

Las teteras antiguas suelen ser de poca capacidad ya que, hasta el reinado de Jorge III, el té fue un artículo de lujo. Las piriformes de principios de la época de la reina Ana dieron lugar a las de cuerpo esferoidal, fabricadas en 1730-1745. A finales del siglo XVIII aparecieron las piezas en forma de tambor y las ovoides, ambas con mayor capacidad. A principios del siglo XIX, las teteras se elaboraban todavía más grandes y llevaban cuatro pies esféricos. Más adelante, siguieron en producción, en general como parte de un servicio de té.

Hacia 1725

Hacia 1725

Hacia 1730

1735 (escocesa)

TÉ Y CAFÉ

Hacia 1750

Hacia 1770

Hacia 1795

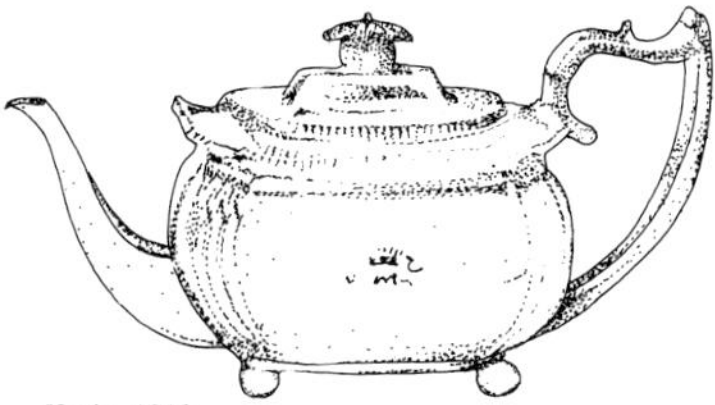

Hacia 1810

Hacia 1810

CAFETERAS

Las cafeteras de principios del siglo XVIII eran cilíndricas, tenían un asa en ángulo y una tapa alta de cúpula. Las tapas disminuyeron gradualmente a medida que avanzó el siglo. Las cafeteras antiguas también se denominaron chocolateras. A partir de 1730 y hasta 1800, adoptaron una forma abalaustrada; más adelante tuvieron forma de copa. Al igual que las teteras, en la época victoriana, las cafeteras se fabricaban como parte de los

Hacia 1708

Hacia 1720

Hacia 1725

Hacia 1730

Hacia 1740

Hacia 1755

TÉ Y CAFÉ

servicios de café, y su estilo se ajusta a ellos.

Una de las maneras más fáciles de fechar una cafetera es por la forma del cuerpo y la altura de la tapa. Las de forma de jarra son apreciadas y, como ocurre con muchos otros objetos de plata, cualquier pieza de forma octogonal es especialmente valiosa. Las cafeteras irlandesas seguían los estilos de las inglesas.

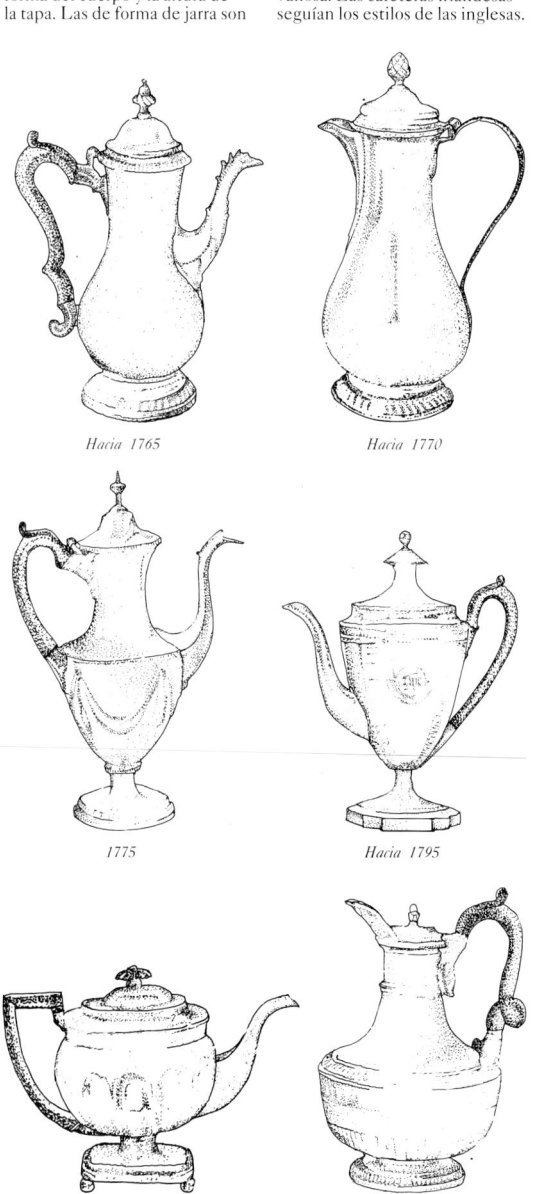

Hacia 1765

Hacia 1770

1775

Hacia 1795

Hacia 1810

Hacia 1815

VINO

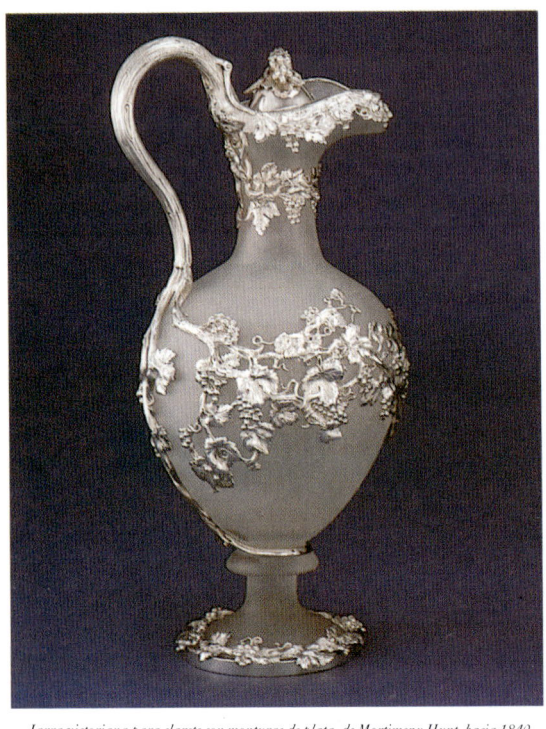

Jarra victoriana para clarete con monturas de plata, de Mortimer y Hunt, hacia 1840.

A partir de 1760, el vino fue ganando popularidad en Gran Bretaña y, en consecuencia, se fabricaron muchos artículos de plata asociados al mercado vinícola. Hoy en día, este tipo de piezas se encuentran con bastante facilidad. Entre ellas se incluyen portabotellas para jarras de vidrio, placas para las botellas y embudos para servir el vino.

En el siglo XVIII, las botellas de vino no llevaban etiquetas y, para poder identificar su contenido, alrededor de 1740 se empezaron a utilizar placas de plata con inscripciones. Ésta es una de las pocas áreas de coleccionsimo en que las piezas más antiguas no son necesariamente las más caras. Las placas de productos corrientes, como el oporto, el brandy, el jerez y el clarete, se venden con más facilidad porque, a diferencia de los demás nombres menos comunes, actualmente se pueden seguir utilizando en las garrafas. La palabra «gin» (ginebra) solía escribirse al revés, «nig», quizá para confundir al servicio o para ocultar que se trataba de una bebida tan vulgar. Algunas placas se colgaban en el cuello de la botella con una cadena y otras con un alambre. La presencia de la cadena o del alambre originales influye poco en el valor de una pieza, ya que ambos se pueden reemplazar muy fácilmente. También se fabricaron placas de plata pequeñas en grandes cantidades, para las botellas de salsa.

El vino solía servirse a través de un embudo de plata. Por lo general, estos artículos son lisos y llevan sólo una cenefa decorativa. Aunque algunos ejemplares raros del siglo XVIII tienen el pico recto, los más modernos lo tienen desviado a un lado, para que el vino se deslice por las paredes de la garrafa. Existen muchos embudos con el pico recortado, y se recomienda evitarlos.

Los catavinos ingleses de cuerpo redondeado en la base son muy raros. Existen pequeños platos de dos asas fabricados en grandes cantidades durante la segunda mitad del siglo XVII que hoy en día se venden como catavinos, aunque seguramente sean platos de dulces. El artículo de plata norteamericano más antiguo que se conoce es uno de estos platos.

Los portabotellas se fabricaron en enormes cantidades a partir del reinado de Jorge II. La mayoría de ellos tienen la base de madera, y algunos poseen un tachón de plata con un blasón. Los más valiosos tiene la base de plata, y ésta se controlaba por separado. En el período de la Regencia se fabricaron algunos portabotellas de plata muy pesados, con los lados fundidos por secciones.

Existe una variedad de recipientes innovadores para el vino que son de interés para el coleccionista. La necesidad de servir dos botellas simultáneamente en la misma mesa (p. ej., de oporto y de madeira), en el siglo XVIII llevó a la introducción del serení, un soporte doble y abierto con cuatro ruedecillas, y a la del carrillo para garrafas, compuesto por dos portabotellas unidos mediante un chasis con ruedas y con un asa en la parte delantera. Todos los elementos de estas piezas deben llevar contrastes.

Las jarras de plata para servir vino se pusieron de moda hacia 1830, y se solían decorar con apropiados motivos vinícolas. (Los portabotellas para jarras siguieron fabricándose durante el siglo XIX, por lo que se piensa que se usaban ambos recipientes a la vez.) Se elaboraron primero jarras de plata maciza y más adelante botellas de vidrio con monturas de plata. Éstas resultan muy decorativas. Las de cuerpo de vidrio liso no son tan populares como las de vidrio grabado o mate y, en general, cuanto más trabajado es el vidrio, de mejor calidad son las monturas. Entre las jarras más solicitadas se encuentran algunas fabricadas alrededor de 1880 con cuerpos de «cristal de roca», las de estilo Cellini (pág. 127) y las de Armada.

La mayoría de las enfriaderas de botellas datan de la segunda mitad del siglo XVIII, aunque algunas fueron fabricadas antes de 1770. Se elaboraban por parejas, de las que se encuentran aún una cantidad sorprendente ya que se trataba de un objeto caro. La mayoría de ellas tienen la forma de copón o de cubo, aunque se produjeron algunas imitando la forma de la copa de Warwick. Las enormes enfriaderas de botellas del período de la Regencia de Rundell, Bridge y Rundell muestran elementos clásicos, mientras que las victorianas se basan en una decoración más naturalista. Muchas enfriaderas de botellas de plata inglesa se venden sin tapas ni borde y, aunque son bastante menos valiosas que las de plata, pueden ser floreros muy atractivos.

JARRAS PARA CLARETE

Jarra para clarete con monturas de plata, 1870; altura 28 cm; código de precios D/E.

Cuestionario para identificar una jarra para clarete del siglo XIX:
1. ¿Lleva el cuerpo todos los contrastes, y la tapa los correspondientes?
2. Si el pie tiene una montura de plata, ¿lleva ésta también los contrastes?
3. ¿Es el vidrio el original? (si es así, lo más seguro es que no sea liso y tenga algún tipo de decoración)
4. ¿Encaja el vidrio perfectamente en la montura?
5. ¿Está la bisagra de la tapa libre de daños?
6. Si el asa es de plata, ¿está en buen estado?
7. Si el asa es de vidrio, ¿está libre de melladuras y grietas?

Jarras para clarete

Las jarras de vidrio montadas en plata se pusieron de moda a mediados del siglo XIX y se fabricaron en grandes cantidades. Las monturas de plata solían ser muy trabajadas, y su calidad varía ya que con frecuencia eran de metal fino estampado que se desgasta fácilmente. También eran corrientes las jarras para clarete contraplacadas. La mayoría de éstas no son de alta calidad, aunque la firma Elkington produjo algunas piezas refinadas con monturas parcialmente doradas. Estas jarras no tenían siempre la misma forma. Se fabricaron en una gran diversidad de modelos, casi todos muy originales: pájaros, pescados, monos. También se crearon jarras de plata, pero, excepto los grandes ejemplares del período de la Regencia, no están tan buscadas.

Cuerpos de vidrio

El cuerpo de vidrio de las jarras suele ser grabado o tener algún tipo de decoración. El de la página anterior está embellecido con estrellas doradas y lleva una ornamentación similar en la base. Si el cuerpo de vidrio es liso, seguramente se trata de una sustitución. El estado del vidrio es muy importante para el valor de la pieza, ya que es casi imposible reemplazar uno roto.

Si la decoración de las monturas corresponde a la del cuerpo, es probable que ambas piezas sean originales. En esta jarra de vino de 1887 (arriba), el dibujo de rombos y flores de la montura se ve reflejado en la decoración del cuerpo de vidrio y en la del pie. Las bases de plata, como la de esta pieza, pueden haber sido añadidas más tarde para ocultar alguna melladura; por lo tanto, compruebe siempre que la jarra no gotee.
• Las jarras con el vidrio coloreado suelen ser originarias del continente europeo.

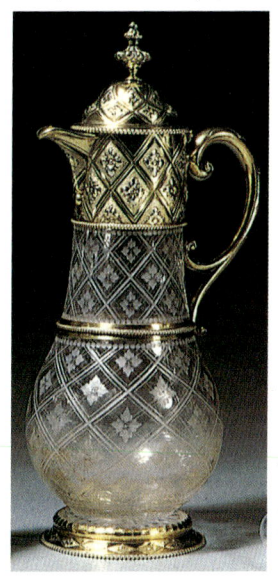

La jarra de decoración estilo Cellini (arriba, derecha) y la de estilo Armada fueron dos diseños de jarras para clarete que se fabricaron durante la segunda mitad del siglo XIX. Todas comparten la misma forma y suelen tener una tapa que se abre sola. Llevan los contrastes en hilera cerca del cuello, y en las de estilo Cellini éstos quedan disimulados en la decoración. Se fabricaron muchas jarras estilo Cellini en Glasgow. Suelen ser pequeñas y de plata dorada, aunque algunas son de fundición y pesadas. La decoración de las jarras estilo Armada suele ser de calidad inferior.
• Siempre se grababan grandes cartuchos a cada lado de la jarra, con inscripciones o motivos heráldicos. Asegúrese de que no se haya borrado algún escudo de armas en los que son lisos.
• Las jarras de cuerpo macizo no son tan corrientes como las de vidrio, ya que en ellas no se aprecia el color del clarete.

Estado de conservación

Los daños que aparecen en los cuerpos de las jarras macizas son similares a los que se producen en las de vidrio. Un diseño inadecuado puede llevar al deterioro del asa ya que, llenas, algunas jarras son muy pesadas. Es posible que los pies se hundan en el cuerpo, una reparación difícil en las piezas de cuello estrecho.

PORTABOTELLAS

Portabotellas de Paul Storr, 1810; código de precios C.

Cuestionario para identificar un portabotellas del siglo XVIII:
1. ¿Lleva un juego completo de contrastes en el canto de la base?
2. ¿Está el borde bastante intacto y no demasiado desgastado?
   ¿Se conserva la madera en buen estado?
3. ¿Está intacta la plata en la zona que se curva sobre la base de madera?
   Si tiene un adorno central:
4. ¿Lleva algún contraste? (es preferible, pero no esencial)
5. ¿Tiene un blasón o un escudo de armas? (sólo si la base es de plata)

Portabotellas

Los portabotellas empezaron a fabricarse en torno a 1760. Los primeros se hacían con la base de madera y el cuerpo calado, y a menudo incluían un pequeño medallón a modo de blasón. Más adentrado el siglo XVIII, los lados de estas piezas se elaboraban con lámina metálica decorada con motivos geométricos o festones calados o con grabado de lustre. Las de base de madera se adornaron con un tachón central. Éste debe llevar el sello del león pasante y posiblemente el del platero. Asegúrese de que los blasones sean originales.
Entre los portabotellas más suntuosos se encuentran los del período de la Regencia con la base de plata.
• Estas piezas estaban diseñadas para jarras y no para botellas.
• Los portabotellas antiguos suelen tener el costado más alto que los más modernos.

Este portabotellas de 1770 (arriba, derecha) es típico de los primeros ejemplares. Tiene la base de madera lisa y plana en lugar de torneada, como la de la fotografía principal (arriba) que es posterior. El costado relativamente alto, el borde ondulado y el calado también son características de las piezas más antiguas.
• El calado suele ser frágil. Debe asegurarse de que no esté agrietado, ni falten partes ni aparezcan señales de alguna reparación.

Estado de conservación

El estado de la madera no afecta mucho el valor de un portabotellas. La madera del

VINO

ejemplar de la página anterior (arriba) es muy brillante, lo que indica que no se ha usado demasiado. En las piezas más desgastadas, la pátina de la madera ha desaparecido por la constante absorción de vino.
• El reverso de la base está cubierto con un tapete para que el portabotellas no rasque la superficie de los muebles.

Los portabotellas sencillos, adornados sólo con una cenefa de grabado de lustre, eran comunes a finales del siglo XVIII.

Estos dos (arriba), de 1796, son más bajos que los que aparecen a la derecha. Se fabricaron muchos portabotellas de este tipo hasta que se desarrolló el estilo del que forma parte el ejemplar de la página anterior (arriba).

Contrastes

La mayoría de los portabotellas llevan los contrastes en el borde inferior y liso que se curva sobre la madera. Los que han estado sujetos a mucho uso suelen tener las marcas desgastadas. Los ejemplares más antiguos llevan los sellos en el calado, y éstos son difíciles de localizar.

Coleccionismo

Actualmente, se encuentran muchos portabotellas pero, como aún se pueden utilizar, son costosos. Se fabricaban siempre en parejas o en juegos de varios. Las piezas sueltas valen aproximadamente un cuarto del precio de una pareja. La pareja de la página anterior (arriba) es de Paul Storr, por lo que tiene un valor añadido.

Los portabotellas más lujosos del período de la Regencia eran pesados, de plata dorada y costado fundido. Llevaban grabado un escudo de armas en la base de lámina de plata. La excepcional calidad de este par de portabotellas (arriba) es característica de las piezas de Rundell, Bridge y Rundell, los plateros de la Casa Real, para la que se fabricaron casi todos los de este tipo. Se cuentan entre los más apreciados y su precio es mucho mayor que los de la página anterior (arriba).

Durante la época victoriana se fabricaron grandes cantidades de portabotellas de bajo coste con el costado estampado. Estos ejemplares de estilo gótico (arriba), fabricados por la firma Henry Wilkinson (Sheffield, 1843), tienen el borde hueco y no soportan demasiado uso. A finales del siglo XIX volvió a ponerse de moda el costado alto y calado.

129

EMBUDOS PARA VINO

Embudo para vino de Eames y Barnard, Londres, 1819; altura 13 cm; código de precios F.

Cuestionario para identificar un embudo del siglo XVIII:
1. ¿Llevan el cuenco y el pitón los contrastes del mismo platero y del mismo año?
2. ¿Está el pitón recortado?
3. ¿Existe algún indicio de reparación en la unión entre el pitón y el cuerpo?
4. ¿Es el cuerpo liso?
5. Si hay un blasón, ¿es original?
6. ¿Existe algún desperfecto en el perforado del colador?

Embudos para vino

Los embudos se fabricaban para verter el vino de la garrafa en la botella que se servía en la mesa. Aunque aparecieron alrededor de 1700, no se empezaron a producir en cantidades hasta 1770. Los de finales del siglo XVIII se manufacturaban en dos partes: cuenco y embudo. El primero está perforado en su interior para poder filtrar los sedimentos del vino. En la unión entre ambas piezas en ocasiones aparece un anillo liso. Para ser más eficaz, éste solía llevar atada un poco de muselina que casi nunca se conserva. Originalmente, muchos embudos tuvieron un soporte, pero hoy en día se encuentran muy pocos juegos completos. Teniendo en cuenta la decoración que suele encontrarse en los objetos relacionados con las bebidas, sorprende que los embudos sean tan lisos.

Contrastes

El cuenco, el pitón y el anillo de los embudos deben llevar todos los contrastes. Sin embargo, como los embudos se empleaban muy a menudo, las marcas pueden estar desgastadas o haber desaparecido.

VINO

Alteraciones

El embudo de la página anterior es típico de los que se fabricaron a partir del siglo XVIII, y tiene el pitón curvado hacia un lado, para que el vino se deslizara por la pared interior de la garrafa. El cuello de ésta se iba fabricando cada vez más estrecho, y para poder colocar el embudo en el recipiente, los pitones curvados se recortaban. Son mucho más apreciados los ejemplares sin esta alteración.

Este embudo (bajo estas líneas), fabricado en Dublín, en 1808, tiene un estilo similar al de la página anterior, pero el pitón se recortó para que encajase en el cuello estrecho de la garrafa. A pesar de que esta pieza está en perfecto estado, los coleccionistas más exigentes la rechazarían porque ha sido alterada.

Este embudo (arriba, derecha), también de Dublín, de 1838, se ha conservado con su base. Ésta es algo elevada por el centro y está diseñada para recoger las gotas que caen del embudo. La constitución de esta pieza es diferente de la de los dos ejemplares anteriores: su cuerpo está fabricado en una sola pieza y tiene un recipiente interior perforado y separable. El cierre en forma de concha es un detalle decorativo de la época. Las costillas que recorren el lado del pitón no sólo sirven para reforzarlo, sino que lo mantienen separado de la pared interior de la garrafa y, además, sirven para dejar escapar el aire.

• Los buenos embudos con base son siempre un objeto popular, aunque poco comunes. Las bases son atractivas por sí solas, pero no muy útiles debido a su elevación central.

Catavinos

Durante el siglo XVII se fabricaban dos tipos de catavinos. Los de cuerpo liso circular con una cúpula en el medio para que el vino se pudiese ver son muy raros. Las piezas como la que aparece aquí, fabricada en Londres en 1661, son mucho más comunes. No tienen cúpula, por lo que el color del vino no se puede examinar. Generalmente son mucho más decorativas que las de estilos anteriores. Esta pieza lleva un cincelado característico de la época.

• Como muchos objetos de plata de la Restauración, este catavinos es bastante liviano.
• Asegúrese de que no haya grietas en el cuerpo ni en las asas.
• También hay catavinos franceses, que son lisos y tienen el cuenco más hondo y sólo un asa.

PLACAS PARA EL VINO

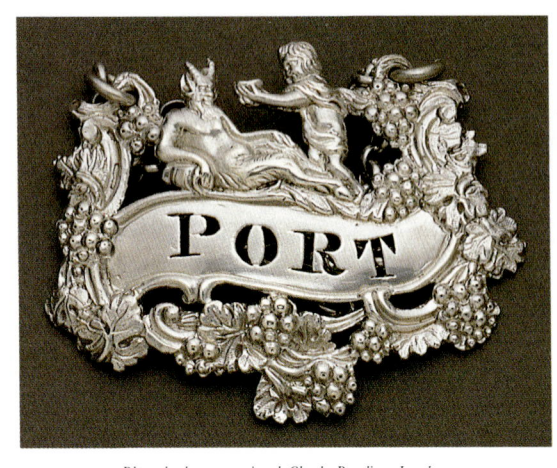

Placa de plata para vino de Charles Rawlings, Londres, 1821; código de precios H.

Cuestionario para identificar una placa de vino:
1. ¿Está la decoración bien definida?
2. ¿Pueden apreciarse por el reverso los detalles de la decoración? (si es así, es estampada)
3. ¿Es la placa de fundición? (por tanto, más cara)
4. ¿Presenta la inscripción alguna alteración?
5. ¿Son visibles las marcas por el reverso?
6. ¿Está completa la decoración?
7. ¿Se conserva aún la cadena de plata?

Placas para vino

Las placas para vino se introdujeron hacia 1740 para identificar los nuevos tipos de vinos que progresivamente se estaban introduciendo. Se colgaban del cuello de las botellas de vino mediante una cadena de plata y, aunque no es esencial que ésta esté presente, las piezas sin la cadena original son menos valiosas. Existe un número casi infinito de estilos y de nombres, algunos muy poco corrientes hoy en día (p. ej., «Mountain» y «Vidonia»). Las placas fabricadas alrededor de 1850 solían llevar sólo iniciales, y en la siguiente década la costumbre de la placa empezó a desaparecer.
- Con excepción de las placas fundidas del período de la Regencia, la mayoría es estampada.
- Se fabricaban placas para vino en plata, de esmalte y de galvanoplastia.

Precauciones

En las placas con el nombre grabado, asegúrese de que no existen alteraciones. Los nombres más usuales, como oporto, en ocasiones se han cambiado por otros menos corrientes, recortando el perforado original y grabando el nuevo nombre sobre la superficie.

Coleccionismo

Son más valiosas las placas con nombres poco corrientes que las de los vinos más comunes. Generalmente, estas piezas se coleccionan sueltas, aunque un juego de placas del mismo platero se valora más. Los ejemplares más frecuentes son asequibles y aún se pueden utilizar. También se coleccionan placas más raras, y con ellas se puede configurar la fascinante historia de la vinicultura de finales de los siglos XVIII y XIX. El uso de las placas disminuyó cuando aparecieron las etiquetas para botellas.

Contrastes

Las placas antiguas llevan el contraste del platero y el del león pasante. Muchas posteriores a 1784 llevan todos los sellos. Las más pequeñas pueden estar sin marcar.

Placas para salsas

En el siglo XVIII se produjeron placas similares para las botellas de salsa. Son más pequeñas que las de vino y estaban diseñadas para ir colgadas de las botellas, dentro de las angarillas.

Esta placa estilo Jorge II con forma de cartucho (arriba), de 1740, es una de las más antiguas que existen. Muchos de los primeros ejemplares, como éste, fueron fabricados por el platero Sandylands Drinkwater. La decoración con vides repletas de uva no volvió a aparecer en las placas hasta alrededor de 1820.
• Esta placa lleva el sello del platero y el del león pasante.
• La forma de cartucho ayuda a establecer su fecha, ya que ésta dejó de aplicarse en 1760.

Existen muchas placas meramente funcionales, con bordes sencillos y más económicas. Esta pieza (arriba), fabricada en 1826, en la época de máximo apogeo de la decoración recargada, es totalmente lisa y podría ser de cualquier período.

Tipos y estilos

Algunas placas antiguas poco adornadas llevan sólo un sencillo borde fileteado. A principios del siglo XIX se fabricaron placas en forma de hoja de vid. Más adelante, eran comunes las placas en forma de uvas, vides y volutas, pegadas con masilla.

A diferencia de la muestra anterior, la decoración de esta placa (abajo) para el madeira, está actualizada con los estilos muy trabajados de su época. Fabricada por Rawlins y Summers en 1834, es una variante menos ornamentada que la placa de la página anterior, que tiene una decoración fundida de parra y uva con figuras báquicas en el centro.
• Debido a que este tipo de placa para vino es particularmente común y tiene un nombre también usual, suele ser muy asequible.

Placas del período de la Regencia

Las placas de este período suelen ser de fundición y mucho más adornadas que las anteriores.

Debido a que estas placas de plata dorada son fundidas (arriba), pesan mucho más que los demás ejemplares que se muestran en esta página. Además, son más grandes y seguramente estaban diseñadas para colgar de una garrafa y no de una botella. Las de este tipo fueron fabricadas casi exclusivamente por los plateros que trabajaban para Rundell, Bridge y Rundell. Esta pareja, de 1811, es de Paul Storr.

ENFRIADERAS DE BOTELLAS

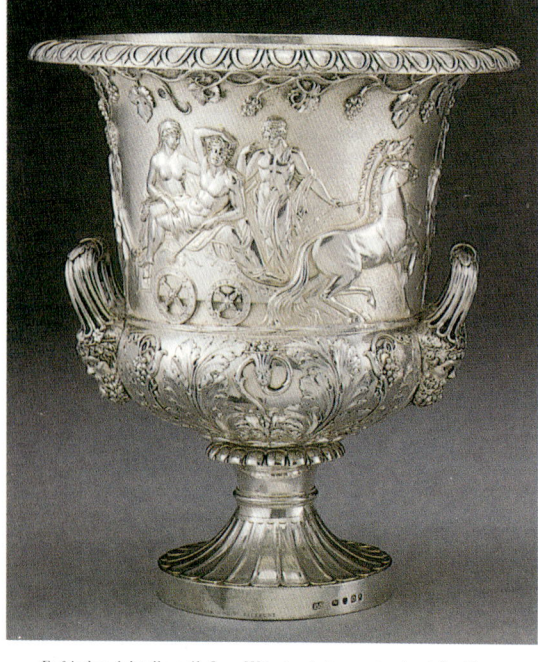

Enfriadera de botellas estilo Jorge III perteneciente a una pareja, de Paul Storr, Londres, 1809; altura 29 cm; código de precios A.

Cuestionario para identificar una enfriadera de botellas de los siglos XVIII y XIX:
1. ¿Lleva el cuerpo todos los contrastes?
2. ¿Está completa la enfriadera (con borde y recipiente interior)?
3. ¿Llevan el borde y el recipiente algún contraste?
4. ¿La pieza forma parte de una pareja?
5. ¿Son detallados los motivos decorativos?
6. ¿La decoración ha permanecido intacta?

Enfriaderas de botellas

Aunque éstas se fabricaron a partir de principios del siglo XVIII, la mayoría data de finales de este siglo y principios del siglo XIX. Suelen ser de refinada calidad y se encuentran muchos ejemplares en buen estado. Las enfriaderas solían constar de tres partes, el cuerpo, el borde y el recipiente interior, y se vendían por parejas o en juegos de varias. Siempre tenían asas, para facilitar su transporte. Existen muchos ejemplares del período de la Regencia con un baño de oro para proteger las decoraciones.

Coleccionismo

Las enfriaderas de botellas suelen ser objetos muy caros porque son grandes y se elaboran con mucha plata. Las de diseño y decoración detallados tienen mayor demanda, y las de escenas clásicas, como la que se muestra en esta página, son más comunes. Entre los plateros más importantes que las fabricaban se encuentran Paul Storr, autor de la pieza de arriba, y otros artesanos de la firma Rundell, Bridge y Rundell. También se produjeron ejemplares menos trabajados en plata inglesa. Se pueden encontrar

VINO

piezas contraplacadas sin borde ni recipiente interior y, aunque se pueden emplear como floreros, son menos valiosas. Las piezas sueltas cuestan un tercio del precio de una pareja.

Contrastes

El cuerpo debe llevar todos los contrastes, generalmente por el reverso; los demás componentes han de incluir una de las siguientes combinaciones:
• El león pasante, el sello del platero y el de aranceles (después de 1794).
• Un juego completo de contrastes sin el de la ciudad.

Esta enfriadera antigua (arriba), de 1789, está menos solicitada que los ejemplares posteriores. El cuerpo liso en forma de cubo es muy ligero por ser de fundición y, además, carece de recipiente interior y de borde. La ausencia de pie central reduce su tamaño: 20,5 cm.
• Siempre deben examinarse las enfriaderas para comprobar si se ha borrado un escudo. Al ser piezas de plata gruesa, la alteración se aprecia sólo por un leve hundimiento en el metal.

Esta enfriadera de botellas (arriba), típica de finales del período de la Regencia y fabricada por Paul Storr en 1821, tiene un pie de fundición, necesario para soportar el considerable peso del recipiente cuando está lleno. La decoración de uvas se ha fundido aparte, está aplicada y es bastante sólida. El cuerpo es fino y vulnerable a los daños. Asegúrese de que su pesado pie no se haya hundido en el cuerpo. Este recipiente interior es de contraplacado. En otros ejemplares más valiosos era de plata.
• En piezas detalladas como ésta, el blasón suele hallarse en el borde, y no en el cuerpo.

A principios del período victoriano, el borde y el recipiente interior formaban una sola pieza, como en esta pareja (abajo) fabricada por Edward Barnard en 1840, aunque seguían siendo de alta calidad. Estas muestras están embellecidas por una lujosa decoración fundida y aplicada, que les añade peso y valor. Su precio se reduce por la presencia de un blasón moderno en el interior.

135

CONTRAPLACADO

Fuente para entradas de plata inglesa con tapa, alrededor de 1830; longitud 37 cm.

Plata inglesa

La plata inglesa permitió a los nuevos comerciantes adquirir objetos parecidos a los de plata, a precios reducidos. Como consecuencia, muchos artículos contraplacados son de uso doméstico, como las fuentes para entradas y los candeleros. El contraplacado fue introducido en 1742-1743 por Thomas Bolsover, un fabricante de cubertería de Sheffield. Se dice que mientras reparaba un cuchillo en su taller, descubrió accidentalmente que la plata derretida se adhería al cobre, y pronto desarrolló la técnica para fabricar objetos más económicos. Ésta consistía en colocar lámina de plata sobre un lingote de cobre. Se eliminaba el aire mediante golpes de martillo y se aplicaba otra capa de cobre sobre la plata. Luego se fundía todo al fuego hasta que la plata se fusionaba con el lingote (la plata se funde antes que el cobre). Si los lingotes se pasaban después por un tren de laminado, el metal se podía estirar sin que la plata se desprendiese del cobre. Inicialmente este proceso se aplicó para la elaboración de artículos pequeños, y luego para otros más grandes. Al extender el contraplacado, el borde de la lámina se descomponía, revelando así la base de cobre. Así pues, se empezó a cortar la lámina en ángulo ,y la capa exterior de plata se doblaba para formar un reborde. Más adelante se aplicó un ribete de plata separado. Una manera sencilla de reconocer la plata inglesa es pasando la uña por el reverso del borde. Si existe un reborde, es un contraplacado. Este tipo de plata no se fabricó en grandes cantidades hasta 1770. Hasta entonces, solía contraplacarse sólo un lado, mientras que el interior de los objetos era de un color mate, como el del estaño. Los objetos fabricados después de 1770 estaban contraplacados por ambos lados, cuando éstos eran visibles. A partir de 1830 también se aplicó este proceso con níquel (plata alemana). Este método se popularizó enseguida porque se requería menos plata para cubrir el metal de base, que era blanco, y no se requería formar un reborde. Los pies y las asas de plata inglesa se hacían en mitades que se rellenaban de plomo y después se soldaban juntas. Este proceso no sólo era largo y laborioso, sino que además era poco práctico. Cuando una fuente para entradas o una sopera fabricadas con este método se colocaban sobre una superficie caliente, la soldadura de plomo de los pies se derretía y goteaba. En las piezas más decorativas del siglo XIX, muchos bordes se fabricaron de plata fina rellena de plomo. Estos ejemplares son muy propensos al desgaste, y el plomo suele detectarse observando los reflejos del metal.

Enchapado

El enchapado se desarrolló en 1779 para cubrir acero. Éste se introducía candente en una mezcla de estaño líquido, se cubría con una delgada lámina de plata, que se estampaba encima del metal con un martillo protegido con tela, y después se soldaba. Este proceso se empleaba para elaborar cuchillos, tenedores, cucharas y otros objetos pequeños, difíciles de fabricar con contraplacado. Por desgracia, el acero se oxida cuando está expuesto a la humedad, lo que hace que la plata de la superficie se deforme y sea imposible de reparar. Se conservan muy pocos cubiertos enchapados en buen estado. El cortamechas es un artículo adecuado para enchapar.

Galvanoplastia

Un método de fabricación menos costoso y más eficaz que el contraplacado era la galvanoplastia. Al no requerir fusión alguna, las asas, los pies y los remates que antes se tenían que fabricar en mitades y rellenar de plomo, con este método podían crearse con moldes en plata alemana o en níquel y después platear en una tinaja. En menos de una década, la industria de plata inglesa desapareció casi por completo. Es importante recordar que así como para la técnica de contraplacado se emplea plata de ley (0,925), en galvanoplastia se logra un color más blanco e intenso por el uso de la plata más pura. Es una técnica muy fácil de determinar con un simple análisis químico.

Electrotipia

La electrotipia permite reproducir artículos detallados de forma muy sencilla. Esta técnica fue perfeccionada por la forma Elkington hacia 1850. Posteriormente, fue contratado el francés L. Morel-Ladeuil para diseñar piezas que se pudiesen copiar fácilmente. Este proceso consitía en la electrodisposición del metal en moldes del objeto que se deseaba copiar. Ya con la forma, se reforzaba con otro metal de base. Ello permitía producir múltiples y precisas copias de distintos objetos y también crear pequeñas piezas decorativas para aplicar después sobre otras mayores, hechas con contraplacado o incluso con plata. Con este proceso se reprodujeron piezas antiguas, para poder catalogarlas. En 1885, en nombre del Victoria and Albert Museum, Wilfred Cripps contrató a Elkington para que copiase los objetos de plata de los estilos Tudor y jacobino que se hallaban en el Kremlin. Se encuentran muchos objetos de electrotipia que, al estar muy desgastados, no vale la pena adquirir. Las plateaduras en mal estado se deben evitar, ya que existen suficientes artículos en perfecto estado.

PLATA INGLESA 1

Jarra para café de plata inglesa, hacia 1790; código de precios F.

Cuestionario para identificar una pieza de plata inglesa:
1. ¿Está fabricada con plata sobre cobre?
2. ¿Existe algún escudo de plata?
3. Si es un objeto hueco, ¿existe alguna juntura por el reverso, entre los extremos de las asas?
4. ¿Se percibe algo de cobre a través de la plata?
5. Si hay decoración, ¿es de cincelado plano?
6. ¿Hay algún borde aplicado relleno de plomo?

Plata inglesa
El contraplacado o técnica de plata inglesa se introdujo en 1742. Se fabricaron muchas piezas contraplacadas de estilos similares a las de plata y numerosos artículos innovadores.

Estado de conservación
El estado de una pieza de plata inglesa es importante. En las desgastadas, el cobre puede verse. Esto es inevitable y, aunque pueda resultar atractivo, el desgaste siempre empeorará, por lo que se deben evitar los artículos con muchas zonas de cobre visibles.

Asegúrese de que no existan indicios de reparaciones con soldadura de plomo, ya que esto disminuye el valor de la pieza.

Los pies y las asas de plata

CONTRAPLACADO

plata inglesa. Muchos de estos ejemplares de plata de ley tenían una base contraplacada para reducir su coste.

El detallado remate de esta fuente para entradas (Sheffield, hacia 1828) es de fundición; si fuese de contraplacado se debería de haber estampado a troquel y rellenado.

inglesa se hacían en mitades que después se rellenaban de plomo y se soldaban. Este proceso era lento y requería mucho esfuerzo, además de ser poco práctico.
• La plata inglesa dañada no se puede soldar, ya que, si se aplica calor sobre la superficie, el plomo interior se puede fundir.

Decoración

La decoración de la plata inglesa suele ser cincelada, como la de la cafetera de la página anterior. Si esta plata se graba, la incisión suele atravesar hasta el cobre y el resultado es poco atractivo. Algunas piezas antiguas llevan una capa de plata algo más gruesa para poder grabar la decoración. Para adornar una pieza con un blasón o un escudo solía aplicarse un rectángulo o un óvalo de plata, que después se fusionaba con la superficie de la pieza y se grababa. Este añadido es siempre visible: si se empaña la zona con el aliento, aparece a su alrededor un halo (arriba).

Fuentes para entradas

Las fuentes para entradas y sus hornillos solían fabricarse con

• El remate de plata debe estar marcado con todos los contrastes adecuados.
• Si la pieza ha sido colocada cerca de una fuente de calor, examine los bordes minuciosamente para comprobar si se ha fundido un poco de plomo.

Aunque la juntura del cuerpo de este candelabro está disimulada, la de los platillos para la cera es visible (arriba). Examine la pieza a conciencia. A menudo, los brazos se separaban para ser guardados, así que asegúrese de que no tengan grietas, deformaciones o indicios de posibles reparaciones soldadas. Este original candelabro del siglo XVIII es de estilo clásico. Con frecuencia, se encuentran brazos contraplacados en candeleros de plata.

139

PLATA INGLESA 2

Estos platos (arriba) fueron fabricados por la firma Matthew Boulton en Birmingham y, por su escudo, se pueden fechar hacia 1815. Los platos contraplacados son bastante escasos, ya que si se calentaba el borde, éste solía desprenderse.

Soperas

No existen muchas soperas de plata inglesa y, aunque son bastante costosas, lo son menos que sus equivalentes de plata. El ejemplar del siglo XVIII que se muestra arriba tiene un diseño atípico, bastante diferente de los estilos reinantes en su día. Es bastante liviana, aunque el remate, las asas y los pies están rellenos de plomo. Asegúrese de que éstos no estén dañados y de que estén firmemente sujetos al cuerpo. Las soperas contraplacadas del siglo XIX son más comunes.

Se encuentran muchas salvillas contraplacadas del siglo XIX. Las piezas antiguas, como ésta de 1780 (arriba), son poco comunes. Ésta se puede fechar por su borde perlado.

Grabado

Los objetos contraplacados antiguos contenían más plata que los modernos, lo que permitía grabar la superficie. Alrededor de 1790 se empleaba menos plata, por lo que la decoración pasó a ser de cincelado plano. Para incorporar un blasón, se recortaba un parche en el que se introducía una pieza de plata ya grabada. Esto solía disimularse con un cartucho y podía ser muy difícil de detectar.

Esta salvilla estilo Jorge IV de plata inglesa es típica de su época (arriba). El escudo está grabado en un parche de plata separado, y la superficie entera está cincelada en plano con brotes y volutas contra un fondo mate. No existe mucha demanda para este tipo de salvillas, ya que su decoración es algo excesiva. Dado a que el escudo añadido es de plata pura, se deslustra a un ritmo diferente que el resto del cuerpo, lo cual se aprecia claramente. Si no hay un contorno visible, es posible que la pieza se hubiera contraplacado posteriormente.

Este candelero de 1780, de estilo clásico, es más antiguo que

CONTRAPLACADO

el que aparece en la página 139. Su cuerpo es difícil de dañar, pero asegúrese de que las hojas que rodean la columna no estén desgastadas. Los detalles están estampados con troquel y, por lo tanto, han de ser duros. El borde seguramente contiene plomo.

Contrastes
Mucha de la plata inglesa antigua se marcaba con imitaciones de los contrastes auténticos, difíciles de detectar a primera vista. Las oficinas de ensaye de Birmingham y de Sheffield abrieron en 1773, y una de sus primeras misiones fue prohibir que los objetos contraplacados llevasen algún contraste. Sin embargo, en 1784, la oficina de Sheffield aprobó una ley que permitía marcar estas piezas con el nombre o las iniciales del platero. A partir de entonces, aparecen contrastes en artículos contraplacados, muchos más en los fabricados en Sheffield que en los provenientes de Birmingham.
• Las piezas marcadas con «Sheffield Plate» en la base son contraplacados modernos de esa ciudad.

Reparaciones
Evite las piezas en mal estado. La mayoría de los pies, asas y bordes están rellenos de plomo, y éste suele traspasar la superficie. Se pueden volver a contraplacar, pero en este caso disminuye su valor.

Principales plateros
Joseph Hancock tuvo un papel decisivo en el desarrollo del descubrimiento del método de contraplacado. Matthew Boulton contrastaba sus artículos con dos soles.

Otros contrastes que aparecen de forma regular son los de Robert Cadman y Cía., y las llaves cruzadas de J. Parsons y Cía., o las de John Green y Cía.

M Boulton y Cía.
Fue el mayor fabricante de Birmingham; en 1764 tenía una fábrica en la que trabajaban 1.000 empleados.

John Green y Cía.
En el siglo XIX sucedieron a J. Parsons y Cía., y, al igual que éstos, fueron especialistas en candeleros. Se apropiaron del sello de llaves cruzadas.

Thomas Law
Este antiguo platero solía estampar su contraste repetidas veces, para imitar los de la plata.

John Parsons y Cía.
Fueron los predecesores de J. Green y Cía. (arriba). Aplicaban el sello de las llaves cruzadas invertidas. Esta firma incluía a John Winter, especialista en candeleros.

Roberts, Cadman y Cía.
Samuel Roberts y George Cadman empezaron en 1784. Perfeccionaron el método de insertar escudos de plata.

Nathaniel Smith y Cía.
Registraron la mano como contraste en 1784. Hasta 1820 estuvieron asociados con muchos otros plateros.

Henry Wilkinson
Sucesor de J. Green y Cía. Fabricó gran cantidad de contraplacados.

141

GALVANOPLASTIA

Salvilla parcialmente dorada en galvanoplastia, de Elkington, hacia 1875; diámetro 54,5 cm; código de precios D.

Cuestionario para identificar una pieza galvanizada de Elkington:
1. ¿Es de gran calidad?
2. ¿Lleva el contraste de la fecha de la compañía o el de algún sistema alfabético y el del platero?
3. ¿Tiene un número de PODR? (pág. 143)
4. Si es de plata dorada, ¿está en buen estado?
5. ¿Está también la plateadura en buen estado?

Galvanoplastia

La plata inglesa desapareció casi por completo hacia 1840, cuando se introdujo la galvanoplastia, un método mucho más eficaz y barato para producir objetos con un aspecto similar al de la plata. Aunque existen copas galvanizadas de 1814, este proceso no se extendió hasta que la firma Elkington lo patentó en 1840. Esta compañía enseguida obtuvo el control del mercado, ya que compraban a la competencia y empleaban a los mejores artesanos.

Métodos de fabricación

La galvanoplastia consistía en introducir en una solución un objeto de metal con un alambre electropositivo, conectado a un ánodo de plata. Entonces se pasaba una corriente que iba del polo positivo al negativo. Inicialmente, el metal de base era cobre, aunque más adelante se empleó el níquel; de allí surgen las siglas EPNS (*electroplated nickel silver*, plata de níquel electrochapada) que aparecen estampadas sobre muchas piezas galvanizadas. Los fabricantes de plata inglesa enseguida se dieron cuenta de que su industria se acababa, ya que la galvanoplastia facilitaba el proceso de dorar. La técnica empleada hasta entonces era peligrosa, ya que consistía en pintar la pieza con oro y con mercurio y después calentarla a altas temperaturas para que el mercurio desapareciese y quedase sólo el oro.

Esta escribanía de electrotipia y galvanoplastia con dorado parcial

CONTRAPLACADO

(arriba) fue fabricada por la firma Elkington y Mason y está basada en un diseño de John Leigton para el escudo conmemorativo de la Gran Exhibición de 1851. Se produjeron más ejemplares como éste, pero pocos se conservan en tan buen estado. El dorado y la decoración en relieve son particularmente vulnerables al desgaste. Su estado de conservación es importante.

Contrastes

La compañía Elkington desarrolló su propio sistema de ensayar los artículos galvanizados. Entre 1841 y 1848 adoptaron los números del 1 al 8 para los años y junto a éstos ponían letras enmarcadas en diferentes escudos, comenzando con la letra K en 1849, y volviendo a empezar el alfabeto en 1865, en 1886 y en 1912.

Las piezas más antiguas se marcaban con «E & Co» coronado por un escudo y la palabra «Electroplate» en tres secciones.

A partir de 1843, se añadió «E M & Co» a las tres secciones.

Estos contrastes de plateros de la firma Elkington aparecen en sus artículos de galvanizados.

PODR

En 1842 se introdujo el sistema PODR para registrar los diseños en la oficina de patentes. El número corresponde a una fecha anterior a la cual no se podía haber fabricado la pieza. Éste suele aparecer en los objetos de galvanoplastia, que en esta época se produjeron en grandes cantidades.

El hecho de que este candelero galvanizado sea de fundición (arriba) significa que no puede ser de plata inglesa, ya que ésta solía estamparse y soldarse. Al igual que muchos objetos de galvanoplastia, este candelero corresponde en estilo a los de plata de la época (pág. 24).

Estado de conservación

Estos artículos se dañan menos que los de plata inglesa ya que los bordes y los pies no están rellenos de plomo. Si la pieza está dañada, no vale la pena repararla.

GALVANOPLASTIA 2

Calientacucharas
Se fabricaron numerosos calentadores para cucharas galvanizadas (nunca de plata). Este ejemplar es muy bello porque es fundido (arriba). Tiene un reborde interno que impide que la cuchara se deslice. Debido a su alta calidad, su valor es seis veces mayor que el de un calentador de cucharas más común.

Jarras de clarete
Las jarras de clarete se fabricaron en galvanoplastia y en vidrio con monturas contraplacadas. La mayoría de ellas son funcionales y hoy en día abundan. La firma Elkington fabricó ejemplares de gran calidad con motivos fundidos parcialmente dorados y con atractivos cuerpos de vidrio decorado.

Asegúrese de que no haya grietas en la unión entre el borde y el cuerpo. La mejor manera de hacerlo es rellenando la botella y comprobando que no sale el agua, aunque esto no sea siempre posible. Otras zonas que se han de tener en cuenta son:
• El asa: no suele ser adecuada para soportar el peso de la jarra. Las de vidrio se agrietan fácilmente, por lo que siempre es mejor una de metal. La de esta jarra está unida sólo por la parte superior, por lo que seguramente es poco resistente. Son más duraderas las que están sujetas también al cuerpo.
• El pico: los picos anchos suelen gotear menos que los más estrechos.

El cuerpo de vidrio casi nunca es liso; suele ser grabado o tallado. Las jarras más decorativas suelen ser las de plata.

Salsera con pitón
Las salseras con pitón aparecieron hacia finales del siglo XVIII, pero sólo las reproducciones del siglo XX son de galvanoplastia.

Este ejemplar tiene el pitón grueso (arriba), y es adecuado para todo tipo de líquidos, mientras que los anteriores eran más delgados y estaban diseñados específicamente para servir el jugo de la carne. Estas piezas tienen doble capa de plata, por lo que son más adecuadas que las salseras para mantener el contenido caliente, pero a la vez mucho más difíciles de reparar.

Coleccionismo
Se encuentran muchos objetos de plata inglesa y de galvanoplastia, y cualquier pieza en buen estado es muy apreciada, en especial la plata inglesa antigua. Algunos artículos grandes de galvanoplastia parcialmente dorados pueden ser de una calidad muy refinada y, si son de un estilo muy buscado, pueden venderse a precios similares a los de los mismos artículos en plata.
• Los servicios de cubiertos con estuche también están muy

CONTRAPLACADO

solicitados, siempre y cuando se conserven en buen estado.

Angarillas

Existen dos tipos de angarillas. Las de soporte ordinario para ocho o diez botellas no suelen ser de muy buena calidad y resultan poco prácticas.

La mayoría de las angarillas coleccionables, como ésta de 1860 (arriba), sólo tenían dos o tres botellas. Suelen ser de mejor calidad y tener atractivas botellas de vidrio rojo o azul. Este ejemplar es muy valioso por sus monturas de galvanoplastia en los tapones. El estado del vidrio es crucial para establecer su precio. Cualquier botella de vidrio transparente debe tener una rica decoración para tener algún valor hoy en día.

Ésta es una copia en galvanoplastia de una copa antigua fabricada por el platero danés Benjamin Schlick, para la firma Elkington a mediados del siglo XIX. Como muchos otros plateros extranjeros, trabajó en la compañía Elkington. Morel-Ladeuil, quien fabricó la pieza de la página 142, estuvo en esa compañía durante más de un cuarto de siglo, mientras que Schlick sólo permaneció un par de años, a mediados del siglo XIX.

Centros de mesa

Los centros de mesa solían ser galvanizados. Éste (abajo), fabricado por Elkington en 1885, es grande (diámetro de 80 cm) y pesado, típico de los ejemplares contraplacados. Los centros de mesa de galvanoplastia suelen ser de gran calidad y muy valiosos. Algunos de los mejores están parcialmente dorados, lo que aumenta su valor. Este tipo de centro de mesa suele encontrarse para postres, con soportes más pequeños y del mismo estilo.

• Asegúrese de que el vidrio no tenga melladuras o grietas y de que todos los componentes sean auténticos. Cerciórese de que las figuras sujeten en la mano los mismos objetos que tenían originalmente.

145

PLATA NORTEAMERICANA

Pichel de Nueva Inglaterra, de principios del siglo XVIII.

En el siglo XVII eran pocos los norteamericanos adinerados, y la mayoría de la plata que existía era de estilo inglés y estaba destinada a la Iglesia. En 1620, los peregrinos que llegaron a América desde Gran Bretaña en el Mayflower no tenían dinero para gastar en lujos. Sin embargo, entre los 20.000 colonos que los siguieron había refugiados políticos y familias con medios económicos que llevaron consigo sus objetos más preciados. Como resultado, en Estados Unidos la plata fue cobrando importancia como símbolo de riqueza y como garantía de poder adquisitivo.

De todas las colonias, Boston fue la primera en que se creó un centro importante de plateros, y entre 1650 y 1680 había ya 24 registrados. El artículo de plata norteamericana más antiguo conocido es una pequeña fuente con dos asas de alrededor de 1651, fabricado en Boston por John Hull (1624-1683) y Robert Sanderson (1608-1693). El año siguiente, Hull fue contratado para fabricar las monedas de chelín y las de seis y tres peniques. Eligió a Sanderson como compañero, quien, antes de emigrar a Estados Unidos, había completado un aprendizaje de nueve años con un platero londinense. Juntos fabricaron la mayoría de los primeros objetos de plata norteamericanos conocidos y, hoy en día, cualquier pieza con sus contrastes tiene una gran demanda (existen sólo unas 40 en total).

La plata antigua norteamericana posee las características de dos zonas de influencia: Holanda e Inglaterra. Nueva York (Nuevo Amsterdam hasta 1664) se mantuvo fiel a los estilos holandeses hasta casi un siglo después de haberse convertido en colonia británica, y muchos plateros neoyorquinos eran de origen

PLATA NORTEAMERICANA

holandés. Más adelante fue apareciendo en la plata neoyorquina cierta influencia francesa, debido a la inmigración de gran cantidad de plateros hugonotes en 1685, tras la revocación del Edicto de Nantes. Puede apreciarse la influencia holandesa en los grandes y elegantes tazones y en las pequeñas teteras fabricadas en esta zona. Muchos picheles neoyorquinos poseen una decoración perlada del diseño de cola de ratón, en el lomo del asa, y una cenefa de ornamentos aplicados alrededor de la base.

Los estilos ingleses prevalecieron en otras zonas de Estados Unidos. Boston y Filadelfia fueron los centros de mayor producción. Boston, importante puerto marítimo con un intenso intercambio mercantil, pronto pasó a ser residencia de una extensa población acomodada, que constituyó un perfecto mercado para los plateros locales. En Filadelfia, su capital, Philip Synge fabricó la escribanía empleada en la redacción de la Declaración de Independencia. También fue elaborada en esta ciudad una tetera estilo Rococó de Joseph Richardson, que actualmente es una rareza no sólo porque se conservan muy pocas teteras norteamericanas, sino también porque este estilo es poco frecuente en la América del siglo XVIII.

En los estados sureños se fabricaron muy pocos objetos de plata que no fueran puramente utilitarios, ya que la costumbre del momento era importarlos de Europa. Con esta práctica se mantuvo en todo momento un alto estándar de calidad, tanto entre los artesanos del sur como los del norte.

Los candeleros de plata norteamericanos son escasos, hecho sorprendente si se tiene en cuenta la cantidad importante de plateros antiguos que los producían, entre los cuales se encuentran John Burt, John Coney y Jeremiah Dummer. Todos trabajaron en Boston y mantuvieron contacto con Hull y Sanderson. Quizás a causa de los acontecimientos políticos del Boston Tea Party, casi no existen cajas para té en Estados Unidos. Las azucareras ovoides de finales del siglo XVII son hoy en día mucho más numerosas en Estados Unidos que en Inglaterra, aunque casi nunca aparecen en el mercado.

En Estados Unidos, tras la Guerra de la Independencia (1776), el estilo neoclásico fue corriente durante un breve período. Después de la guerra de 1812, se observó cierta aproximación a la moda Imperio francesa. Más adelante, estos estilos sobrios y puritanos desaparecieron, al igual que ocurrió en Inglaterra, y fueron reemplazados por otros más espectaculares. No existían ya las superficies lisas en las piezas de esta época. La riqueza y la variedad de la plata americana de finales del siglo XIX es única. A finales del siglo XIX, Tiffany y, en menor escala, Gorham produjeron objetos de plata y de otros materiales de estilo modernista, con una marcada influencia japonesa. Entre ellos se incluyen los jarrones y las teteras (pág. 155) que tanta demanda tienen en la actualidad.

Durante el siglo XVIII hubo varios intentos de establecer un sistema de ensaye central en Estados Unidos, pero ninguno se materializó. Al parecer, la pureza del metal se garantizaba mediante el contraste del fabricante. En general, el estándar es de ley o un poco más bajo. Al principio, los plateros ponían sus iniciales, pero más adelante solían estampar su apellido entero (pág. 153).

147

PLATA NORTEAMERICANA 1

Original pichel norteamericano de William Jones, Massachusetts, 1720-1730; altura 19,5 cm; código de precios A.

Cuestionario para identificar un pichel de plata norteamericano, de Boston, de principios del siglo XVIII:
1. ¿Tiene la tapa una leve forma de cúpula escalonada y es el cuerpo cilíndrico?
2. ¿Posee un remate en la tapa? (característica particular de los picheles bostonianos)
3. ¿Tiene una abrazadera? (no siempre es así)
4. ¿Lleva sólo el contraste del platero?
5. ¿El cuerpo es liso?

Picheles norteamericanos

De todos los artículos antiguos de plata norteamericana, los picheles son los que más abundan. El que aparece arriba es característico de Nueva Inglaterra. Los de Nueva York de la misma época tienen la tapa más plana y sin remate, con una pestaña para apoyar el pulgar y, en ocasiones, una cenefa de ramajes aplicada sobre el pie. La influencia holandesa también se manifiesta en algunas tapas grabadas. Las asas solían tener una máscara y algunas también decoraciones aplicadas en la parte superior.
• El pichel que aparece arriba tiene una marca en el asa, causada por el roce continuo de la pestaña para abrir la tapa.

PLATA NORTEAMERICANA

Este pichel de plata (arriba) fue fabricado por Joseph Richardson Sr en Filadelfia, hacia 1750. Es muy antiguo para tener la forma de balaustre. Existen ciertas diferencias sutiles entre éste y un ejemplar similar inglés. Los picheles altos y cilíndricos fueron corrientes en Estados Unidos hasta la segunda mitad del siglo XVIII.

Teteras

Las primeras teteras norteamericanas datan de principios del siglo XVIII y, hoy en día, son escasas.

Este ejemplar (arriba), fabricado en Nueva York hacia 1720, es de marcada influencia holandesa, tanto por su cuerpo piriforme como por su moldura de bajo relieve en la tapa. En Boston y en Filadelfia, las teteras antiguas solían elaborarse con la típica forma inglesa esferoidal (pág. 99). Hoy en día son bastante escasas.

• Al igual que las inglesas, las primeras teteras norteamericanas eran pequeñas; ésta mide sólo 15 cm de altura.

Esta tetera de Nueva York de 1757 (arriba) muestra la tendencia moderna hacia las formas más altas; mide 21 cm de altura. Como gran parte de los objetos de plata norteamericanos más tardíos, es lisa, maciza y pesada. Los artículos ingleses de la época solían llevar un blasón o un escudo, pero en los norteamericanos es más común encontrar unas iniciales (arriba). Las teteras holandesas de este período son muy parecidas en estilo a ésta, pero de proporciones algo distintas.

Servicios de té

Este servicio de té de tres piezas (abajo) es de Filadelfia, de alrededor de 1800. Los cuerpos en forma de copa y las bases de pedestal son de estilo típicamente inglés, aunque las tapas alargadas, sus proporciones y la azucarera con tapa lo identifican como norteamericano.

149

PLATA NORTEAMERICANA 2

Tazas de Boston

Las tazas con forma de balaustre fueron muy corrientes tanto en Inglaterra como en Estados Unidos, pero las norteamericanas eran algo más voluminosas que las inglesas. Se fabricaron en grandes cantidades. Ésta fue creada por el famoso patriota Paul Revere (arriba), quien además era un conocido platero; se trata de una pieza muy valiosa. Revere fue célebre por sus trabajos en plata y como dibujante por sus caricaturas políticas. Además, inició una industria de fundición. Su pieza más famosa es el «Soul of Liberty Bowl», fabricada hacia 1768, que conmemora a los 99 miembros de la Legislatura que se negaron a retirar la carta hostil a Jorge III.

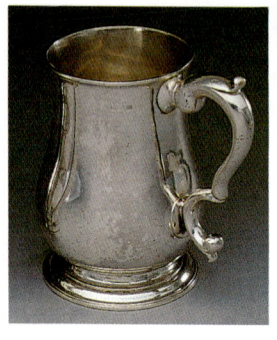

Escudillas y tazas para vino tibio

Entre las primeras piezas de plata norteamericanas se encuentran escudillas y tazas para vino tibio (*caudle*) que se empleaban tanto para uso en el hogar como en la Iglesia. Lo que los ingleses denominan *bleeding bowl* (pág. 173) es, en realidad, una escudilla con una sola asa o mango. Dado que muchas de estas piezas llevaban grabadas las iniciales de su dueño, éstas pueden ayudar a determinar su antigüedad. La pieza que se muestra arriba fue fabricada en Nueva York, y también se conservan algunas de Nueva Inglaterra. Es posible que estén inspiradas en las tapas de las antiguas cacerolas sostenidas sobre tres pies. A través de los años, el estilo del calado del asa fue cambiando, lo cual puede ayudar a establecer la fecha de origen de la pieza.

John Coney

La forma elegante y sobria de esta taza (abajo), fabricada por John Coney (Boston, 1690/1710), refleja influencias inglesas en su diseño. Coney fue aprendiz de John Hull en Boston. Su elevada producción abarca una amplia gama de objetos, entre los cuales se encuentra una pareja muy rara de candeleros. Sus dos contrastes principales son sus iniciales, al principio acompañadas por una flor de lis y después por un conejo.

PLATA NORTEAMERICANA

Esta rara cacerola (arriba) fue fabricada en 1770 por Myer Myers, un holandés afincado en Nueva York, y como es habitual en sus piezas, es maciza y de decoración lisa.
• Además de tener una variada y extensa producción de objetos de plata, Myer Myers, un judío sefardí, es conocido por haber fabricado una serie de campanas para los libros de la Torah, que mostraban importantes similitudes con un juego inglés de 1719.

esta jarra para leche hacia 1745. Sólo mide 10 cm de altura y difiere muy poco de las piezas inglesas. Sin embargo, como es muy poco común, se valora bastante más que un ejemplar británico.

A pesar de que fueron

El nombre del fabricante de este especiero de plata neoyorquino de 1720, Henricus Boelen II, confirma la influencia holandesa de su estilo (arriba). Sus proporciones difieren de las de los ejemplares británicos, aunque la base es muy similar a la de los de principios del siglo XVIII; la forma y el calado de la tapa son bastante diferentes.
• A partir de esa fecha, los especieros ingleses se fabricaban en juegos de tres. Los ejemplares norteamericanos son más escasos y se valoran más, incluso sueltos.
• Boelen fue uno de los muchos plateros reconocidos de Nueva York de origen holandés y hugonote, no inglés. Entre otros fabricantes destacaron van Dyck, Le Roux y Onclebagh.

Myer Myers también fabricó

fabricados por una amplia gama de artesanos durante el siglo XVII y de que eran imprescindibles, los candeleros norteamericanos anteriores a principios del siglo XIX son muy escasos. En consecuencia, este ejemplar tiene mucho valor.

PLATA NORTEAMERICANA 3

Cafetera norteamericana de plata, Filadelfia, hacia 1765; código de precios C.

Cuestionario para identificar una cafetera norteamericana de mediados del siglo XVIII:
1. ¿Es el cuerpo liso? (el estilo Rococó nunca fue corriente en Estados Unidos)
2. ¿Lleva algún contraste?
3. ¿Se sostiene sobre un elevado pie central?
4. ¿Lleva grabadas unas iniciales y no un escudo de armas?
5. ¿Son sencillas sus cenefas decorativas?

Cafeteras

Las cafeteras antiguas norteamericanas no son tan comunes como las chocolateras, que eran muy similares pero tenían un orificio en la tapa que permitía remover el sedimento con una varilla. También son escasas las teteras antiguas. Las primeras que aparecieron en Nueva York tenían marcadas influencias holandesa y hugonota, como lo confirman los nombres de sus fabricantes. Hasta finales del siglo XVII, las cafeteras se fabricaron sueltas. Esta pieza tiene una tapa característica y una bella decoración perlada. Su forma alargada se mantuvo hasta principios del siglo XIX, mientras que su cuerpo adquirió forma de copa. Las piezas modernas llevaban decoraciones cinceladas de motivos florales.

Cestas para bizcocho

Esta cesta (pág. 153, abajo) fue fabricada en Nueva York

PLATA NORTEAMERICANA

hacia 1792 por Voorkis y Schanck. Tiene un elegante contorno y una decoración calada, por lo que resulta casi idéntica a los ejemplares ingleses y holandeses de la época. La pieza es una muestra de que incluso un siglo después de la pérdida de Nueva York, los holandeses siguieron siendo plateros destacados en Estados Unidos.

Dado que se fabricaron muchas menos cestas en Estados Unidos que en Gran Bretaña, ésta es más valiosa que una inglesa. La bella decoración de grabado de lustre la hace especialmente atractiva, ya que pocos artículos norteamericanos se grababan, quizá debido a una falta de artesanos cualificados.

Contrastes de los plateros

En Estados Unidos nunca existió un control centralizado de las producciones de plata y, como resultado, los ensayes eran siempre locales. Durante muchos años, se aplicaba sólo el del platero. En Nueva Amsterdam (Nueva York después de 1664) los plateros solían estampar su contraste en un cartucho con forma de corazón, y en Nueva Inglaterra se inscribían las iniciales y más adelante el nombre entero. La falta de ese control afectó la pureza de la plata empleada. Los primeros plateros empleaban el estándar de ley (0,925) pero, a mediados del siglo XIX, muchos objetos de plata se estamparon con las letras «D» o «C», o con las palabras enteras «coin» o «dollar», indicativas de su origen (0,900). Las piezas posteriores llevaban la palabra «Sterling», como signo de mayor calidad; hoy en día, aún se aplica. En 1814, en Baltimore hubo un intento formal de establecer una oficina de ensaye.

Lewis Fueter (hacia 1770-1775)

Platero neoyorquino, autor de una de las pocas piezas norteamericanas de plata en estilo Rococó.

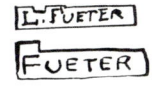

Gorham Manufacturing Co. (1818-actualidad)

Casa fundada por Jabez Gorham en Providence, Rhode Island. En 1868, se asoció a T. J. Pairpont; contrastaban sus productos con la letra de fecha y con su propio sello.

Samuel Kirk (1793-1872)

Importante fabricante de todo tipo de objetos, procedente de Baltimore. Su negocio creció enormemente.

Myer Myers (1723-1795)

Platero de Filadelfia; fabricó gran cantidad de objetos de plata norteamericana, de buena calidad.

Paul Revere jnr (1735-1818)

Platero prolífico que también es conocido por su papel en la Guerra de la Independencia.

Tiffany y Cía. (1837-actualidad)

Casa fundada por Charles Louis Tiffany. Abrió una sucursal en París en 1853.

PLATA ARTÍSTICA NORTEAMERICANA

A finales del siglo XIX, los plateros norteamericanos comenzaron a desarrollar su propio estilo. La producción fue en gran parte liderada por la compañía Tiffany, fundada en 1834 en Nueva York, y por la firma Gorham, fundada en Providence, Rhode Island en 1831. Sus piezas muestran una marcada influencia oriental, sobre todo japonesa. Muchas piezas son del estilo modernista, corriente en Europa durante esa época, e incluyen motivos de frutas y de flores estilizadas en la decoración. Ésta también estaba determinada por el uso del objeto adornado; Gorham fabricaba enfriaderas con forma de bloques de hielo y asas con osos polares.

La preferencia norteamericana

Este par de candelabros (arriba) fueron fabricados por Tiffany hacia 1885, siguiendo el popular modelo diseño de crisantemos aplicado en gran variedad de objetos de plata norteamericanos, por ejemplo en los servicios de mesa. La decoración de follaje es típica de finales del siglo XIX. Existen muchos candeleros de ese siglo, pero muy pocos anteriores. Esta pareja es muy pesada (11,6 kg) y de buena calidad.

Estas jarras para clarete (arriba) fueron fabricadas por Gorham en 1890. Están hechas a mano, y los registros de producción muestran que se tardaron más de 44 horas en tornearlas y otras 50 o más en cincelarlas. Hoy en día, su precio es relativamente bajo, teniendo en cuenta el despliegue de imaginación y destreza necesarias para su elaboración. Además, la demanda del mercado actual por los estilos más sencillos ha causado que el precio de estas piezas tan recargadas disminuya.

por los motivos japoneses y de la naturaleza se muestra en esta pala para pescado parcialmente dorada y grabada (arriba), fabricada por Gorham hacia 1880. Es muy decorativa, y la complejidad de su diseño no tiene igual en Europa. Existe una enorme variedad de cubiertos en los grandes servicios norteamericanos.

PLATA NORTEAMERICANA

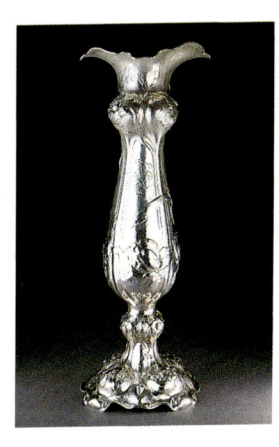

Entre 1891 y 1910, Gorham produjo una amplia gama de objetos de plata «martelé», de estándar Britannia, que hoy en día consisten en una de las series de estilo modernista más coleccionadas. La decoración con poco cincelado y la forma fluida de este jarrón (arriba) son típicos de los artículos «martelé», y las flores son un motivo común del Modernismo. Aunque el estándar de esta plata es notablemente más blando que otros tipos y se desgasta con mayor facilidad, es mucho más fácil de trabajar. Por ello, se pasan por alto las desventajas que supone emplear un metal puro para fabricar una pieza «martelé». Gorham fabricó numerosas jarras para clarete en este estilo, pero no resultaron tan populares como las piezas de metal combinado con otros materiales, cuya influencia japonesa las hacía más atractivas para un sector más amplio de público.

• Se fabricaron muchos objetos a gran escala con esta técnica: la firma Gorham llegó a elaborar una cómoda y un taburete «martelé» para una exhibición, a fin de difundir las habilidades de sus artesanos.

Plata de ley y otros metales: Tiffany y Gorham

Tiffany produjo un número de objetos de plata con otros metales, que están claramente contrastados con «sterling silver and other metals». En Inglaterra este tipo de objetos no se podían ensayar, ya que los sellos indican que son de plata. Las piezas de distintos metales suelen ser muy caras. De ellas existen artículos muy decorativos y también algunos artículos prácticos, como los servicios y las bandejas de té. Gorham produjo una serie de artículos similares.

Este jarrón de distintos metales (derecha) fue fabricado por Tiffany alrededor de 1880. El fondo de cobre está cubierto con flores en plata y con una planta de bambú en latón. Los motivos de libélulas, caracoles y flores son corrientes en el estilo modernista.

Esta tetera de plata y otros metales (abajo) es de influencia japonesa y fue fabricada por Tiffany hacia 1880. La decoración de hojas de parra, mariposas y libélulas es realista y recuerda al estilo modernista inglés. Este tipo de piezas poseen una calidad y un acabado únicos.

OTRAS PIEZAS

Jarrita de vaca de John Schuppe, hacia 1760.

Los objetos de plata más antiguos solían comprarse para exhibir en vitrinas y como fuente de inversión. Las facturas de estas piezas se dividían en dos apartados: uno para el precio del metal y el otro para el de la ejecución (la mano de obra). En las piezas más sencillas ambas cantidades solían coincidir. Este sistema cambió a principios del siglo XVIII con el emergente crecimiento de la gran clase mercantil y la introducción de las fábricas de laminado al vapor. Estos hechos aumentaron el número de posibles compradores y, a la vez, redujeron los costes de producción. A principios del siglo XIX, se introdujo la técnica de tornar el metal sobre una cuña, que disminuyó aún más el precio de la manufacturación en serie. Junto a la estampación y al uso de troqueles, esto revolucionó las técnicas de la producción en plata. Las piezas grandes para vitrina siguieron siendo caras, pero a la vez se dio un enorme aumento en la producción de objetos domésticos a precios económicos. También se descubrió la técnica del contraplacado, que favorecía a los que no podían adquirir objetos de plata de mayor calidad.

En el siglo XVIII se produjo una evidente pérdida de creatividad, que se manifiesta en la cantidad de reproducciones de estilos de los siglos anteriores. Se fabricó una gran variedad de objetos, por lo que el coleccionista actual tiene muchas opciones de compra. Entre estos artículos se incluyen marcos para fotografías, cepillos, cajas de distintos estilos y tamaños y tabaqueras. Se elaboraron piezas muy grandes en plata, por ejemplo trofeos y otros artículos conmemorativos que se decoraban con lujosos estampados, fáciles de aplicar y siempre según el gusto de la época.

Existen muchos objetos fabricados en plata que, hoy en día, pueden ser muy asequibles, incluso para los coleccionistas con presupuestos más modestos. Muchas de estas piezas se producían lejos de Londres, por ejemplo en Birmingham, Leeds, Cork, Dublín y Escocia. Otras se fabricaron en otros países de Europa, sobre todo en Alemania, donde se produjo un número de objetos nuevos parcialmente dorados que luego se exportaron a Gran Bretaña. Muchos de estos objetos son posteriores a la época victoriana, cuando los costes de producción empezaron a reducirse. Algunos de ellos eran piezas figurativas; por ejemplo, se elaboraron jarras con monturas de plata, escribanías e incluso candeleros con la forma de numerosos animales, como osos y perros. El tipo, el tamaño y la variedad de cajas fabricadas para tabaco, rapé, sales aromáticas y numerosas otras sustancias es tan extenso que la colección de cajas se ha convertido en un área específica de coleccionismo. La mayoría de las piezas son muy decorativas y, como son pequeñas, en general económicas.

La plata irlandesa tiene muchas similitudes con la inglesa de la época. En Irlanda también se cincelaron muchas piezas en el siglo XVIII, y esta tradición siguió vigente hasta el siglo XIX. Algunos objetos de plata pensados para el mercado doméstico son más grandes que los ingleses, quizá por el hecho de que las familias irlandesas solían ser más numerosas que las británicas. Esto se ve reflejado en las cafeteras. Un artículo peculiar irlandés es el protector para fuentes, fabricado a partir de mediados del siglo XVIII. Es una pieza diseñada para sostener la fuente caliente, sin que toque la mesa. Otras piezas también atípicas son las cuberterías de finales del siglo XVIII, fabricadas en Dublín, Cork y Limerick, con mangos puntiagudos y grabados. Las tazas en forma de arpa también son típicamente irlandesas, al igual que los platos para la mantequilla de principios del siglo XIX.

En Escocia, las luchas civiles y religiosas llevaron a la destrucción de muchas de sus obras de plata. En otras partes de Gran Bretaña se conserva poca plata secular escocesa anterior al período de la Restauración de 1660. Existen incluso más ciudades pequeñas que en Irlanda en las que la plata se ensayaba. Sin embargo, la mayoría de los objetos escoceses que hoy en día aparecen en el mercado son los cubiertos con la decoración de hilo de violín, que se distinguen de los ejemplares ingleses por sus mangos particularmente largos. Los *quaiches*, empleados para compartir el whisky en la mesa, son de origen escocés. Son unos bellos recipientes en forma de cuenco que se fabricaron principalmente en Edimburgo.

En Inglaterra, algunos gremios menores produjeron plata hasta que se aprobaron las actas de 1697 que les prohibieron ensayar sus propias piezas. También existe en la actualidad una pequeña cantidad de artículos de uso doméstico en contraplacado, fabricados en Leeds y en Hull. El contraste de Birmingham, con forma de ancla, suele aparecer en una extensa gama de cajas producidas a partir del siglo XVIII, ya que en esta ciudad se elaboraron miles de objetos pequeños. Las cucharas antiguas son muy coleccionables. El precio de las cucharas de Apóstol varía según una combinación de su estado y de su fecha de producción; los ejemplares del siglo XVI son mucho más valiosos que los posteriores, y cualquier pieza anterior al reinado de Isabel I es muy rara. Sin embargo, se encuentran muchas cucharas de Apóstol del siglo XVII a precios económicos y, para muchos coleccionistas, son las únicas piezas de plata secular asequibles de antes de la Restauración de 1660.

ESCRIBANÍAS

Escribanía de plata de William Cripps, 1749; código de precios B.

Cuestionario para identificar una escribanía del siglo XVIII:
1. ¿Lleva los contrastes en hilera por el reverso de la bandeja?
2. ¿Están también marcadas por el mismo platero todas las botellas y la campanilla?
3. ¿Existe en la bandeja un rebajo para impedir que se deslice la pluma?
4. ¿Corresponden en estilo los bordes de las botellas y de la campanilla al de la bandeja?
5. ¿Llevan algún contraste las tapas de las botellas?
6. ¿Son coetáneos los blasones y escudos de armas?
7. ¿Existe algún desperfecto en el perforado del bote para la arenilla?
8. ¿Está intacto el mecanismo de cierre de las botellas?

Escribanías

Las escribanías de principios del siglo XVII eran grandes y rectangulares y tenían una tapa articulada. A éstas les siguieron las de tipo bandeja, con tres o cuatro botellas: para la tinta, la arenilla o grasilla y la oblea de sellar y limpiar la punta de la pluma. Hacia 1740, estas piezas solían tener sólo dos botellas, una para tinta y otra para arenilla junto a una campanilla, para avisar al servicio que se encargaba de enviar las cartas.
- Las escribanías de estilo Treasury (de un soporte de forma apaisada, con dos compartimentos y una división central) se fabricaron a partir del siglo XVII. Son grandes y lisas, en general pesadas, y poseen una gran superficie, posiblemente grabada.
- La arenilla (hueso de sepia en polvo) se espolvoreaba sobre la tinta para que ésta se secase.

Coleccionismo

Las escribanías son objetos muy apropiados para coleccionar, ya que pueden constituir un bello regalo y además decoran admirablemente la superficie de un escritorio. Actualmente se consideran en cierto modo un símbolo de *status* social y suelen ser bastante caras.

Contrastes

Las escribanías llevaban los contrastes por el reverso de la bandeja. Las botellas, la campanilla y las tapas también han de llevar algún sello.

Precauciones

Dado que las campanillas también se coleccionan por sí solas, muchas se han separado de una escribanía para venderse sueltas. Las piezas que después se añaden a las escribanías casi nunca llevan contrastes. Las escribanías con una campanilla original son muy escasas y apreciadas.

OTRAS PIEZAS

A mediados del siglo XVIII, las escribanías tenían botellas de vidrio. Esta pieza fue fabricada por William Plummer en 1767 (arriba). Las botellas tienen el cuello y la tapa separable de plata. Todos los componentes han de llevar algún contraste que corresponda a los restantes de la pieza. Si existe cualquier elemento reemplazado, disminuye su valor. Los cuerpos de plata de las botellas también deben presentar el sello del platero y el del león pasante. Asegúrese de que las botellas hacen juego, son del mismo tamaño y no tienen desperfectos. Si falta el cuello, algunas tapas no cierran bien. Examine también el calado de los pies. Este ejemplar es muy grande (46,5 cm de longitud) y pesado (1,8 kg), pero en general son más livianos.

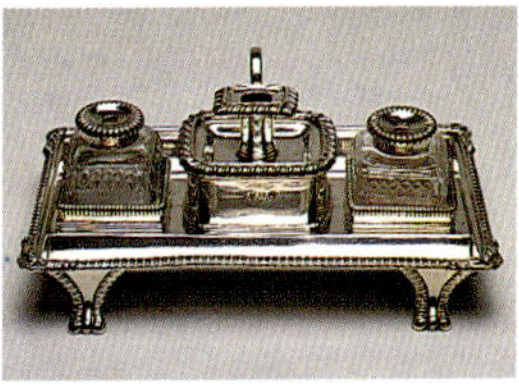

Asegúrese de que todos los elementos corresponden en estilo y de que están todos marcados. A partir de 1770, John y Thomas Settle fueron famosos también por sus contraplacados.

Esta escribanía fue fabricada en 1814 por John y Thomas Settle de Sheffield (arriba). Aunque en su época fue bastante corriente, este ejemplar es un poco más sencillo y ligero que los que provenían de Londres y, por lo tanto, más económico. Lleva un candelero pequeño para derretir la cera, que además sirve como tapa de la cajita de oblea. En ocasiones, estos candeleros en miniatura se venden sueltos, pero sólo están parcialmente contrastados y se pueden identificar por la anilla que los sostenía sobre la caja. Las botellas son para tinta de diferentes colores. Esta pieza tiene un característico reborde.

Esta original escribanía (arriba), de finales del siglo XVIII, fue fabricada por John Robbins en 1800. La tapa se abre para descubrir el contenido interior: una pluma, un tintero, una caja para oblea, un bote para arenilla, un recipiente para la cera de sellar y una tabla de marfil para escribir notas. Para contener todos estos elementos, el globo ha de ser suficientemente grande. Este ejemplar mide 22 cm de altura. Este tipo de escribanías no son particularmente resistentes y muchas de las que se encuentran hoy en día están dañadas o incompletas. No se produjeron muchos ejemplares.
• Todos los elementos deben llevar algún contraste; asegúrese de que el recipiente para cera no esté aplanado por un sello.
• A partir de 1800, los objetos más frágiles se dejaron de contrastar.

159

CAJAS 1

*Rallador de nuez moscada, hacia 1685;
longitud 5,5 cm; código de precios F.*

• Las cajas aparecen en gran variedad de formas y tamaños, para usos muy diversos. Entre las más coleccionables se encuentran los ralladores para nuez moscada, las tabaqueras, las cajitas de rapé y las de ciudadanía. También se valoran mucho las tarjeteras.

Ralladores para nuez moscada

Son cajas muy pequeñas (2,54-5,8 cm de diámetro) que sólo se fabricaron a finales del siglo XVII. Tienen una tapa articulada y un compartimiento para contener la nuez moscada entera. Dentro hay una rejilla para rallar. Estas piezas suelen tener la forma de lágrima, (arriba) o una tapa en forma de cúpula, para albergar la especie ovoide. La pieza de arriba tiene una típica decoración de flor; otros ejemplares llevan follaje grabado.
• Los ralladores para nuez moscada constituyen una pieza popular de coleccionismo y, como no existen muchas, suelen ser valiosas.
• Como la mayoría de las cajas de su época, ésta sólo lleva el contraste del platero.
• Asegúrese de que la bisagra no está suelta y de que la rejilla está intacta.

Fabricantes

Las cajas de plata las produjeron fabricantes especializados. El más famoso es Nathaniel Mills de Birmingham.

Tabaqueras

Las tabaqueras se fabricaron a partir de finales del siglo XVII y hasta principios del siglo XVIII. Las primeras eran de forma ovalada y tenían una tapa separable.

Esta tabaquera (arriba) fue fabricada por Edward Cornock en Londres, en 1715. La tapa es separable, aunque no está articulada, y debe estar parcialmente contrastada de acuerdo con la base, que se sellaba por el interior. Muchas de estas cajas se adornaban con un decorativo escudo de armas como el que aparece aquí, pero por lo demás eran lisas. Actualmente, estas cajas son raras y su precio varía, en gran medida según la calidad del grabado.

Cajitas para rapé

Estas cajitas, diseñadas para contener rapé recién rallado, se

OTRAS PIEZAS

fabricaron a partir del siglo XVIII, cuando las tabaqueras perdieron protagonismo.

La forma de esta pareja de antiguas cajitas para rapé (abajo), de 1745, es típicamente escocesa.

Las franjas de marfil y de ébano son poco usuales, pero incluso las cajitas de plata solían llevar incrustaciones de otros materiales. Este tipo de caja para rapé es muy decorativo y forma parte de un área de coleccionismo muy variada e interesante. Este tipo de piezas no suelen llevar contrastes.

Las cajas para rapé confeccionadas con concha de cauri o con caparazón de tortuga (arriba), datan de mediados del siglo XVIII. Las piezas de concha son especialmente vulnerables, así que asegúrese de que su decoración no se encuentra agrietada y de que no hayan sido reparadas. Existen algunas cajas con contrastes y otras sin ellos; las que los llevan, tiene mayor valor. También el diseño de la pieza influye en el precio.

Las cajas de rapé posteriores, como ésta de 1827, suelen ser más grandes y pesadas que las anteriores. La decoración fundida de una escena de caza que aquí se muestra es bastante corriente. Otros temas de ornamentación son la caza con escopeta, las fiestas y los temas clásicos. Las decoradas con escenas de algún pasatiempo o entretenimiento actual, por ejemplo el golf, tienen más demanda.

• La decoración de esta caja es fundida y cincelada, y su valor depende en gran medida de su estado. Una pieza que tenga los detalles desgastados o en la que el dibujo de la base aparezca desdibujado por el uso, tiene menos valor que otra en buen estado.

• Es casi imposible reparar las bisagras, ya que el calor suele distorsionar el metal.

En la época victoriana, las cajas para rapé grabadas eran muy corrientes, en especial las que mostraban una escena de caza. Para que la pieza se valore adecuadamente, el grabado se debe encontrar en buen estado y ser de buena calidad. Muchas cajas victorianas se ofrecían como regalos y algunas llevan largas inscripciones en su interior. Éstas suelen afectar negativamente el valor de una pieza grande de vitrina, pero en este caso la inscripción se halla en el interior, y el valor de la caja no tiene por qué disminuir, siempre que la inscripción sea coetánea de ella.

Algunas cajas de 1880 reflejan el estilo de las de 1730 por su forma octogonal y su grabado. Sólo difieren en la construcción de las bisagras. Este modelo (arriba), un ejemplar de muy buena calidad fabricado en 1881, lleva grabado un perfil clásico sobre un fondo de follaje.

CAJAS 2

Vinaigrettes

Estas cajas comenzaron a fabricarse hacia finales del siglo XVIII y siguieron produciéndose hasta mediados del siglo XIX. Estaban diseñadas para llevarlas en el bolsillo, por lo que son bastante más pequeñas que las de rapé. En su interior se encuentra una rejilla articulada de plata y en ocasiones aún conservan bajo ésta el trozo de esponja que originalmente se empapaba con sales aromáticas. Los ejemplares más antiguos, normalmente muy sencillos, llevan una rejilla muy basta, mientras que en los más modernos las perforaciones son más trabajadas. La mayoría de ellas son rectangulares, aunque existen de todas las formas. El interior siempre es dorado; si no es así, la caja ha sido alterada o reparada.

- A veces puede confundirse una cajita de rapé con una *vinaigrette* sin la rejilla. En este caso, bajo el borde de la tapa habrá una muesca para abrir la caja con el pulgar.
- La rejilla impide que la esponja aromatizada se caiga, pero permite que su perfume se expanda. En muchos modelos antiguos circulares, la rejilla no es articulada, sino que encaja dentro y puede perderse con facilidad.

Las *vinaigrettes* pueden estar grabadas, fundidas, cinceladas o, como en estos ejemplares (arriba), estampadas con troquel con dibujos de edificios famosos, catedrales o monumentos. Existe una amplia gama de temas, pero algunos son más raros que otros y, por lo tanto, se venden a precios más elevados. El castillo de Windsor es bastante común. Abbotsford y Newstead Abbey son ambas relativamente buscadas, porque se asocian la primera con el novelista Sir Walter Scott y la segunda con el poeta Lord Byron.

Se fabricaron numerosas *vinaigrettes* con forma de bolso. Son piezas especialmente pequeñas, con un diámetro de unos 2,9 cm. Las que están rematadas en forma de asa miden unos 4,5 cm de ancho. Este ejemplar fue elaborado en Birmingham, en 1835.

Contrastes

La mayoría de las *vinaigrettes* se fabricaron en Birmingham. Suelen llevar los contrastes en el interior de la base, en la tapa y también en la rejilla.

Tarjeteros

La mayoría de los tarjeteros fueron fabricados en Birmingham. Se empleaban para las tarjetas de visita, por lo que suelen ser más planas y grandes que las *vinaigrettes* (de unos 10 cm). Son de tamaño bolsillo y su decoración suele ser estampada con troquel, similar a la de las *vinaigrettes* con remate, pero menos trabajadas.

Este tarjetero (arriba) fue

OTRAS PIEZAS

fabricado en Birmingham en 1858, y es uno de los más decorativos que existen. Tiene un borde repujado y una imagen del castillo Cork estampada con troquel en el centro. Dado que estas cajas solían sacarse del bolsillo a menudo, la decoración de mucho relieve, como en este ejemplar, es susceptible al desgaste.

• Los tarjeteros no suelen ser tan decorativos como las *vinaigrettes*.

Daños

Los tarjeteros se estampan en mitades. Un uso frecuente puede agrietar la juntura, lo que es imposible de reparar.

Cajas de ciudadanía

Estas cajas se presentaban a una persona junto con la ciudadanía de honor, y llevaban grabado en un lado el escudo de armas correspondiente al lugar y en el otro una inscripción dirigida a su receptor. Si ésta era de mucha importancia, se le regalaba una caja dorada.

• En el período de la Regencia, varias personas (entre ellas el duque de Rutland), fundieron estas cajas para convertirlas en salvillas, grabando en el anverso los distintos escudos de armas de las corporaciones.

Esta caja de ciudadanía sólo lleva el contraste del platero: William Reynolds de Cork. Los ejemplares de las provincias irlandesas, como éste, son especialmente apreciados. Todas estas cajas son de un tamaño estándar de 7 cm de diámetro.

• Pocas de estas cajas conservan algún documento original.

Cajas para cerillas

Las cajas para cerillas se han convertido en un artículo cada vez más buscado por los coleccionistas actuales. Aparecieron en el mercado hacia 1880 y se fabricaron en gran variedad de formas y tamaños.

Cualquier pieza peculiar de plata tiene en principio un valor añadido. Esta caja para cerillas tiene una tapa articulada y una rueda que se gira para encender la mecha (arriba); ambas son características muy poco comunes.

Esta caja para cerillas es otra pieza innovadora de finales del siglo XIX (arriba). Muestra que estos recipientes se elaboraban de formas muy variadas. Ésta es de latón, pero sigue siendo valiosa. Muchos metales de base se aplicaron de manera creativa para fabricar objetos de menos valor.

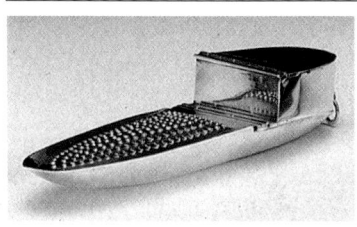

Raspador de tabaco

Este ejemplar (izquierda) fue fabricado por Thomas Meriton en Londres, en 1810. Estas cajas fueron fabricadas a finales del siglo XVIII y llevan asas de volutas para colgarlas de la pared.

CUCHARAS DE APÓSTOLES

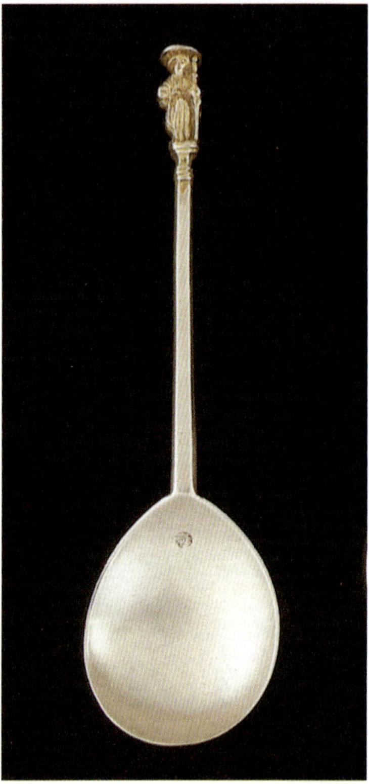

Cuchara de Apóstol de estilo Enrique VIII, Londres, 1528; longitud 17,7 cm; código de precios B.

Cuestionario para identificar una cuchara de Apóstol londinense del siglo XVI:
1. ¿Lleva la pala el contraste de la cabeza de leopardo?
2. ¿Aparecen el resto de los contrastes en el dorso del mango?
3. ¿Se reconoce el Apóstol?
4. ¿Está aún presente el nimbo (halo)?
5. ¿Está el Apóstol unido al mango mediante una juntura de «V»? (las cucharas de provincias tiene una juntura de solapa)

Cucharas de Apóstoles

Las cucharas de Apóstoles aparecieron por primera vez durante el reinado de Enrique VIII, y eran el único artículo de plata que mucha gente poseía. Se fabricaron en cantidades enormes, tanto en Londres como en provincias. Se llaman así porque el remate está encabezado por un Apóstol o por un Santo, identificables por el emblema que llevan. Se han conservado muy pocos juegos enteros, sólo se conocen cuatro de 12 piezas y cuatro de 13 piezas (que incluyen a Jesús, el Maestro). Todas las cucharas han de ser del mismo platero y del mismo año. En Londres, la

OTRAS PIEZAS

producción de estas piezas cesó durante el reinado de Carlos I, aunque en las provincias siguieron en producción durante 20 años más.

Contrastes
En Londres, las cucharas de Apóstoles llevaban el contraste de la cabeza de leopardo en la pala, mientras que los demás sellos aparecían en el reverso del mango. Algunas de las provincias llevaban el contraste de la ciudad en la pala y otros sellos en el reverso del mango.

Falsificaciones
Como las cucharas de Apóstoles son tan costosas, se han intentado transformar otras cucharas más comunes en las primeras, cortando el mango por la mitad y añadiendo un Apóstol. Se trata de una alteración fácil de detectar para el experto que conozca el tema, pero no para el novato.

Coleccionismo
Las cucharas de Apóstoles suelen comprarse sueltas. Su precio depende de su antigüedad y del estado de su desgaste. La que corresponde al Maestro (Jesús) siempre se vende a un precio más alto que las otras. Por otro lado, no existe ninguna otra preferencia, aunque las piezas en las que el Santo es más fácil de reconocer son más apreciadas. Hoy en día, los ejemplares más antiguos son muy escasos.

El juego Symon de cucharas de Apóstoles que se muestra abajo es excepcional, ya que está completo y en muy buen estado.

Identificación de los Apóstoles
Es posible identificar al Apóstol por el emblema que sujeta en la mano derecha, aunque en ocasiones éste puede ser muy difícil de interpretar.

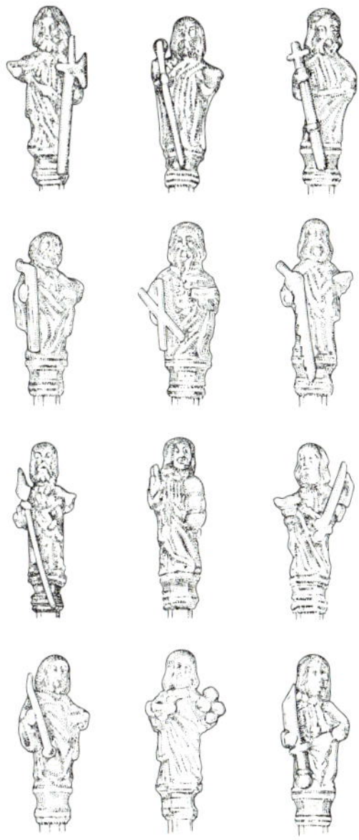

De izquierda a derecha, y de arriba abajo:
San Matías, Santiago el Mayor, San Judas Tadeo, San Mateo, San Andrés, San Simón, Santo Tomás, San Juan, San Pedro, Santiago el Menor, San Felipe y San Bartolomé.

RECIPIENTES VARIADOS PARA BEBER

Copa de despedida de Smith y Sharp, 1787; longitud 13,5 cm; código de precios C.

• Existen muchos tipos de recipientes para beber en plata que no se ajustan a ninguna de las categorías de este libro.

Copas de despedida

Las copas de despedida se empleaban para hacer un brindis durante las cacerías y, por la naturaleza de su diseño, no se podían dejar reposar hasta estar vacías. Se fabricaron durante la segunda mitad del siglo XVIII. Las más comunes son las de forma de cabeza de zorro, aunque también existen en forma de galgo. Las piezas más antiguas suelen tener el hocico más largo y ser más estilizadas que las del reinado de Jorge IV. Existen copas de despedida modernas, de fundición, más pesadas que los ejemplares de finales del siglo XVIII, que suelen ser de lámina o de estampación. Aparte de algunas excepciones más valiosas, estas piezas casi nunca se fabricaron de plata dorada.

Cualquier copa de despedida en la que se pueda identificar el acontecimiento específico para la que fue elaborada, es muy apreciada. La que aparece arriba tiene grabada una escena de caza por debajo de la barbilla que le añade encanto. Otras tienen inscripciones alrededor del cuello.

Contrastes

Las copas de despedida llevan los contrastes en hilera alrededor del cuello. Algunos sellos son difíciles de localizar entre el cincelado decorativo.

Esta copa de despedida moderna (arriba), fabricada en 1822 por Paul Storr, fue un premio ofrecido en las carreras de Mostyn Hunt, y lleva una inscripción al respecto alrededor del cuello. Los ejemplares valiosos, como éste, solían dorarse. Algunas copas de despedida se doraron posteriormente, así que asegúrese de que los detalles no están desgastados bajo el baño de oro.

Copas de despedida del siglo XX

Durante el siglo XX se fabricaron copas de despedida en gran variedad de formas, desde cabezas de conejo hasta de caballo. Suelen ser de fundición y de muy buena calidad. Si se venden en parejas o en juegos mayores, tienen más interés para los coleccionistas.

OTRAS PIEZAS

Quaiches

Los *quaiches* son de origen escocés y, por tanto, están más buscados entre los coleccionistas de ese país. Se llenaban de whisky y se pasaban alrededor de la mesa. Variaban muy poco en diseño, y pueden ser macizos y bastante pequeños (de 10 cm de diámetro).

Este *quaiche* se fabricó en 1700 (arriba), posiblemente en Edimburgo. Otros ejemplares eran de madera, con monturas de plata. Esta pieza se ha grabado imitando la madera.

• Los *quaiches* antiguos sin contrastes, o sólo con el del platero, suelen ser más grandes que las posteriores. En ocasiones se utilizaron como cáliz, de la misma manera que ocurría en Estados Unidos con los tazones y los picheles. Llevan iniciales en las asas o en el cuerpo.

Jarras innovadoras de clarete

Durante la época victoriana se fabricaron jarras de clarete innovadoras en forma de pájaros y otros animales. Hoy en día, éstas son raras y valiosas. Incluso los ejemplares más sencillos cuestan miles de libras.

• Cuanto más rara sea la forma de la jarra, más popular será entre los coleccionistas.

Esta jarra (arriba), fabricada por los hermanos Crichton en 1885, es muy fina. El estado del vidrio es crucial, ya que es imposible reemplazarlo. Se encuentra a veces vidrio mate, como aquí, aunque muchas otras veces es transparente. Cada pieza separada de plata debe estar marcada. Dado que estas jarras siempre han sido apreciadas, suelen conservarse en buen estado.

Neffs

Los *neffs* tienen forma de barco. Se fabricaron en toda Europa, sobre todo en el siglo XIX. Se desmontan por la línea de cañones y se pueden emplear para servir una botella en la mesa. Muchas de las piezas que se encuentran en el mercado inglés fueron importadas y deben llevar el contraste de importación. Las que no lo llevan son mucho menos costosas, ya que seguramente son de un estándar inferior al de ley y, por tanto, legalmente no se pueden considerar de plata. Su valor depende en gran medida de su tamaño y de su estado. La mayoría se fabricó en Alemania y en Holanda.

Los *neffs* son excepcionalmente difíciles de limpiar y se aconseja tratarlos con una capa protectora contra el óxido y el deslustre. Este ejemplar es particularmente grande (61 cm de longitud) y su valor es considerable (izquierda). Los modelos más pequeños y ligeros pueden valer hasta una décima parte de lo que cuesta éste. Cualquier pieza que esté en buen estado tiene mucha demanda.

• Antes de comprar un *neff*, asegúrese de que los mástiles y los detalles finos no están dañados.

167

SERVICIO DE MESA ADICIONAL 1

Cucharones de plata para sopa, estilo Jorge III; izquierda: Limerick, Patrick Connell, hacia 1780; derecha: Londres, Edward Wakelin, 1751.

• Se fabricaron numerosos cubiertos de plata que no formaban parte de un servicio de mesa, pero que, si es necesario, se pueden combinar con uno.

Cucharones

Los cucharones para sopa se introdujeron hacia 1740. Su estilo suele ajustarse al de los demás cubiertos de la época (págs. 60-65), aunque se fabricaron algunas piezas muy decorativas. Los cucharones para sopa solían venderse sueltos, y los de salsa siempre en parejas. Los de pala circular son más apreciados.

Cucharones irlandeses

El cucharón que se muestra arriba a la izquierda fue fabricado en Limerick, lo que aumenta considerablemente su valor. Otras características que lo encarecen son:
• La pala en forma de concha.
• El grabado de lustre que aparece en el mango.
• El blasón original.

Decoración

La decoración del mango es típica de las piezas de esa época fabricadas en Cork y en Limerick.
• Asegúrese de que los ornamentos estén intactos y de que no tenga ni grietas ni roturas.

Palas para pescado

Las antiguas palas para pescado tenían el mango de madera torneada. En el siglo XIX, cuando empezaron a formar parte de los servicios, se fabricaron con el mango de plata. A partir de mediados del siglo XIX, las palas se hacían con un tenedor a juego.
• Aún se cuestiona si las palas antiguas se fabricaban para servir pescado o tartas. Algunas más modernas llevan grabado un pescado, por lo que su uso original es evidente.

OTRAS PIEZAS

Esta pala para pescado (Dublín, 1758) es una de las más antiguas que se conocen. Todas las palas solían tener la misma forma, y sólo difieren en su decoración calada. Algunas piezas victorianas son particularmente innovadoras. Las llamadas palas para pescado con mango de cuchara son mucho menos valiosas, tienen la hoja ancha con forma de cimitarra y un calado sencillo. Las victorianas tienen el mango reforzado.

Estado de conservación

Las palas para pescado son muy propensas a sufrir daños, sobre todo entre la unión del mango y la hoja. Algunos mangos han sido reemplazados por otro de un período completamente diferente. Esto disminuye mucho su valor.
• Examine el desgaste de los contrastes.

Bandejitas para cucharas

A principios del siglo XVIII, el té se tomaba en un cuenco sin platillo a juego, por lo que existían unas bandejas de plata para depositar las cucharas. Ya más entrado el siglo se fueron introduciendo las tazas con platillo y dejaron de fabricarse estas bandejas. En general se distinguen de las de los cortamechas por la ausencia del asa (págs. 44 y 45).

Se fabricaron durante un corto período y en la actualidad tienen mucha demanda.

Esta bandejita para cucharas (arriba) es un ejemplar típico de los que se produjeron hacia 1717, de forma ovalada, con una decoración acanalada y sin pies. En el centro hay un monograma entrelazado.
• Estas bandejas deben llevar los contrastes en las esquinas.

Cucharas para servir

Estas cucharas son más grandes que las normales y se empleaban para servir la sopa hasta finales del siglo XIX, cuando se introdujo la cuchara sopera. Se fabricaron de acuerdo con los modelos de los servicios, y se aconseja coleccionarlas en parejas, aunque también son valiosas sueltas.
• Asegúrese de que la punta de la pala no esté desgastada, ya que esto reduce su valor considerablemente.

Paletas para médula

A partir del siglo XVII, se fabricaron grandes cantidades de paletas para poder extraer la médula ósea, un delicia en la época. Todas son del mismo tamaño, con un extremo grande y otro pequeño para los distintos huesos. Llevan los contrastes en el centro, por el reverso. Suelen ser lisas, pero algunas tienen un blasón en la parte más ancha. Existen muchos ejemplares en el mercado y están muy solicitados.

La mayoría de ellas se fabricaron a finales del siglo XVIII. Este ejemplar, de estilo reina Ana, es raro y en consecuencia muy valioso. Muchas de estas paletas, como ocurre con otros cubiertos, tienen los contrastes desgastados.

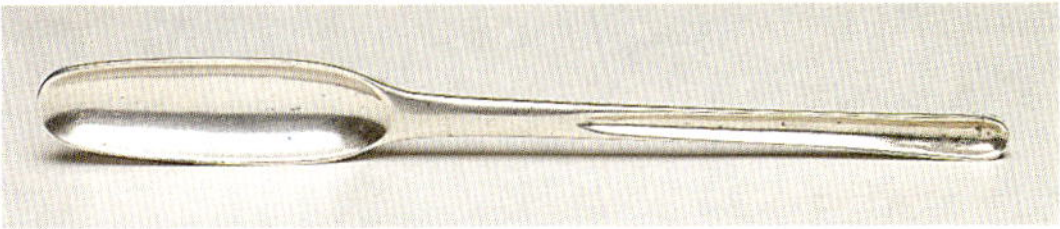

SERVICIO DE MESA ADICIONAL 2

Despepitador de manzanas

Los despepitadores para manzanas se fabricaron a partir de finales del siglo XVII, pero la mayoría de los que se conservan son de finales del siglo XVIII y principios del siglo XIX. Son costosos y poco prácticos, ya que resultan demasiado pequeños para las manzanas actuales. Siguen teniendo mucha demanda por sus peculiares características.

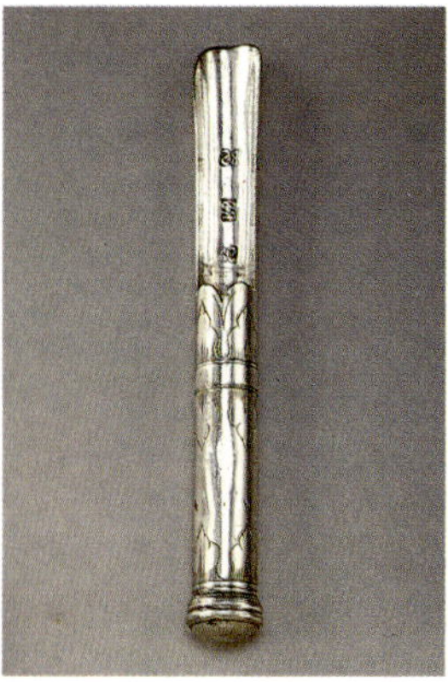

Este despepitador es muy antiguo (siglo XVII) y muy original, al igual que algunos ejemplares posteriores. Estas piezas suelen llevar los contrastes en la hoja. Éste tiene el sello del platero, repetido varias veces. Se conservan en buen estado ya que no se usaban demasiado.

Cucharas caladas

Las cucharas caladas se empleaban para coger las hojas sueltas en la superficie del té. Se inventaron en el siglo XVIII y la mayoría de ellas se fabricaron a mediados de ese siglo. Las posteriores se hicieron con el perforado de la pala cada vez más trabajado. La que se muestra arriba, segunda de la izquierda, fue

Tenacillas para azúcar

La mayoría de las tenacillas para azúcar de finales del siglo XVIII son sencillas. En el siglo XIX se elaboraron diseños más imaginativos.

Estas tenacillas (derecha) fueron producidas por Francis Higgins, un prolífico fabricante de cubertería lujosa. Sus características más apreciadas son el mango dorado y el remate. Las más modernas suelen conservarse bien, aunque algunos ejemplares anteriores lisos son más frágiles. Asegúrese de que el mango no esté roto o agrietado. Las tenacillas antiguas se encuentran en grandes cantidades, suelen ser de mala calidad y, en consecuencia, son piezas de plata muy económicas. Los ejemplares como éste son más valiosos.

OTRAS PIEZAS

fabricada por Isaac Callard hacia 1740. Cualquier característica decorativa añadida, por ejemplo unas conchas aplicadas, aumenta su valor. Como son mucho más valiosas, se han intentado falsificar cucharas caladas a partir de cucharillas de té. Sin embargo, la pala de las cucharillas de té suele ser más grande y, además, su mango no acaba en punta, como el de las cucharas caladas (se introducía en el pico de las teteras para desatascarlas).
• Las cucharas caladas suelen llevar los contrastes del león pasante y del platero muy cerca de la pala. Su fecha se suele determinar por el estilo de la pieza.
• Algunas cucharas tienen atractivas volutas u otros motivos estampados por el reverso de la pala, que aumentan su valor.

Cucharas para té

Las cucharas para té se introdujeron cuando las cajas de té ya no llevaban un medidor en la tapa (pág. 109). Se fabricaron en grandes cantidades a partir del último cuarto del siglo XVIII por los mismos artesanos menores que fabricaban cajas y placas para el vino. Suelen ser de plata en lámina o estampadas con troquel, lo que significa que son bastante frágiles. Asegúrese de que no aparezcan grietas en la pala ni en el mango. Son muy coleccionables pues existen en una amplia gama de diseños y de precios. Los ejemplares del siglo XIX con el sencillo mango de grabado de lustre y la pala lisa sólo valen un par de libras, mientras que los diseños más elaborados pueden costar cientos. Las piezas con daños carecen de valor.

Las cucharas para té se produjeron en una variedad infinita de diseños, y cualquier pieza original o rara es particularmente apreciada, sobre todo las que tienen la forma de gorra de jinete o de ala de águila. Este diseño de hojas era también muy popular (arriba).

• Existen algunas cucharas para té en forma de gorra de jockey fabricadas del reverso de un reloj, al que se le añadía un remate. Estas piezas se identifican por la presencia de los contrastes agrupados en el centro (las cucharas solían llevarlos en el remate y en hilera).

Tijeras para uvas

Las tijeras para uvas se empleaban para cortar éstas de los racimos pero, a pesar de llevar un refuerzo de acero en la hoja, no solían funcionar bien. Como son un regalo ideal, tienen mucha demanda y se venden a precios altos. Existen sueltas o como parte de los servicios de postre, junto con dos pares de varillas y dos cascanueces. Se aprecian y valoran más los ejemplares que conservan su estuche original a medida. Las tijeras antiguas, de mediados del siglo XVIII, son elegantes y bastante sencillas; las posteriores, del período de la Regencia y victorianas, son más complejas y ornamentadas.

Algunas tijeras más caras, como estas victorianas fabricadas por Elkington en 1890 (arriba), están parcialmente doradas. Existen muchos ejemplares contraplacados. Su precio depende en gran medida de su calidad y de su fabricante. Un par estándar cuesta varios centenares de libras, mientras que otro fabricado por Paul Storr, puede valer miles de libras.

Tenacillas para espárragos

Las tenacillas para espárragos son como las de azúcar, pero mucho más grandes. A finales del siglo XVIII solían decorarse con grabado de lustre. En el siglo XIX, los mangos eran más anchos y calados, a juego con el resto del servicio.

FUENTES, BOTELLAS Y CUENCOS VARIADOS

Protector de fuentes irlandés del siglo XX; código de precios E/F.

• Los protectores para fuentes fueron fabricados exclusivamente en Irlanda, a partir de mediados del siglo XVIII. Los mejores ejemplares están decorados con pintorescas escenas de animales de granja y rústicos y llevan un escudo de armas hábilmente grabado dentro de un gran cartucho.

Protectores para fuentes

Este protector para fuentes (arriba) es de principios del siglo XX, cuando fueron fabricaron en grandes cantidades. La decoración estampada es bastante tosca. Dado que el sistema de contrastes irlandés de mediados del siglo XVIII era irregular, es posible que algunos ejemplares no estén completamente marcados. En general deben llevar todos los contrastes en hilera por el borde. Los modelos fabricados en las provincias son escasos y se venden a precios más altos que los de Dublín. Los protectores modernos para fuentes no se aprecian tanto y valen menos de un cuarto del precio de uno del siglo XVIII. Algunos modelos llevan un recipiente interior de vidrio azul para colocar fruta o flores. Dado que estas piezas eran atractivas y se fabricaban con variedad de diseños calados, son muy populares entre los coleccionistas.

Calientaplatos

Los calientaplatos fueron fabricados entre 1740 y 1770. Estaban diseñados para mantener calientes los platos en la mesa antes de servirlos. No se conservan muchos ejemplares, pero como no poseen demasiado atractivo estético, son relativamente económicos.

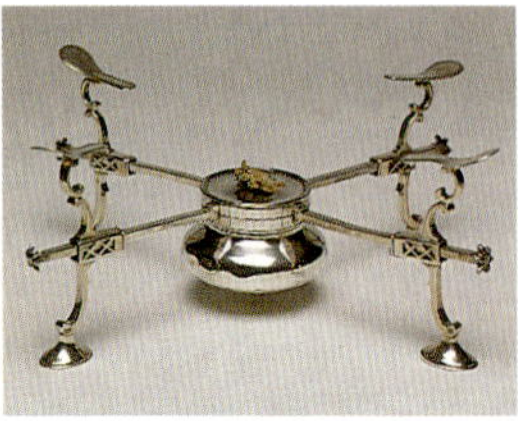

Los calientaplatos tienen un hornillo o quemador situado en el centro, para mantener la temperatura de la comida. Los brazos se pueden extender y girar para adaptarse a las fuentes de distintos tamaños. Este mecanismo es normalmente susceptible de desgaste.
• El hornillo debe llevar todos los contrastes por el reverso. Los restantes elementos de la estructura que sean separables deben llevar también algún sello.
• En ocasiones, hay calientaplatos

OTRAS PIEZAS

que sirven como protectores de fuentes y que pueden sostener varios platos o cuencos.

Fuentes para queso

A finales del siglo XVIII y principios del siglo XIX, se fabricó una pequeña cantidad de fuentes para queso sólo únicamente para clientes muy exclusivos. Aunque no son particularmente decorativas ni prácticas, tienen mucha demanda por su escasez.

Esta fuente para quesos (arriba), fabricada por William Stephenson en Londres en 1789, es un ejemplar típico, de forma rectangular y con un mango de madera atornillado al cuerpo. La tapa se sostiene abierta en un ángulo de 45°, mediante una cadena sujeta al mango. Cuando la fuente se coloca cerca del fuego, el calor se extiende a la tapa y el queso se derrite. Después, se extrae la bandeja interior para servir el queso. En ocasiones, ésta está dividida en porciones individuales. En general, es posible llenar el cuerpo con agua o adaptarlo para un enchufe y mantener el queso caliente.
• El borde acanalado de este ejemplar recuerda al de las salvillas de la época.

Botellas con monturas de plata

Esta pequeña botella con monturas de plata (abajo), de finales del período victoriano, es un ejemplo típico de las innovaciones de esa época. Este tipo de objeto se utilizaba como un ambientador, colocando una esponja aromatizada en un pequeño compartimento de la parte superior de la botella, o bien llenando ésta con algún perfume. El corcho esconde el tope de vidrio y está articulado mediante una bisagra por el cuello. En general, estas botellas poseen valor por su originalidad y se han conservado bastante bien. Hoy en día la mayoría se encuentran en buen estado.
• Asegúrese de que el vidrio no esté mellado, ni el corcho abollado, y de que no falten ni el tope ni la rejilla.

Bleeding bowls

Los *bleeding bowls* de los ingleses son realmente escudillas de una sola asa (pág. 150). Este tipo de piezas fueron fabricadas en el siglo XVII y se supone que eran empleadas en la mesa.

Este ejemplar fue fabricado en 1699 por Anthony Nelme, de acuerdo al tamaño y a la forma estándar. El asa siempre era calada. Debe asegurarse de que no tenga grietas. El cuenco debe llevar los contrastes en el borde, por el exterior.
• Si también lleva algún contraste en el asa, la pieza se vende a un precio mayor.

Dado que no se fabricaron grandes cantidades de estos recipientes, pueden resultar caros. Su precio depende de su tamaño y peso y de la claridad de los contrastes. Este ejemplar lleva un blasón en el asa, lo que aumenta su valor.

PLATA DE TOCADOR

Hebilla de plata para cinturón, Birmingham, 1907; código de precios E.

• Numerosos artículos decorativos para vestir y de tocador fabricados en plata constituyen un área interesante para el coleccionismo.

Cinturones

Las hebillas son mucho más comunes que los cinturones enteros de plata y también más coleccionables. Existen pocos cinturones en el mercado y hoy en día suelen ser demasiado pequeños. Las hebillas son más decorativas y, por lo general, se adquieren para usarlas.

El cinturón que se muestra arriba fue fabricado en Birmingham en 1907 y representa un ejemplar eduardiano bastante típico. Ambos componentes de la hebilla y cada eslabón deben llevar algún sello. Los diseños de estilo modernista tienen mucha demanda, ya que poseen una singularidad que desapareció después de 1940.

Hebillas

Se fabricaron hebillas de plata en gran variedad de tamaños y estilos. Los ejemplares más trabajados son de mayor valor.

Esta hebilla es de muy buena calidad y está decorada con un divertido diseño de cacatúa que aumenta su valor considerablemente. Ambos componentes deben llevar los mismos contrastes. Las hebillas suelen conservarse en buen estado, aunque es posible que algunas se hayan pulido en exceso. Esta pieza es fundida y muy rara, por lo que su valor es mayor que el esperado.

Estiracintas

Es posible que los estiracintas se emplearan para atar los pañales de los bebés. Esto se ve reflejado en el diseño de esta pieza (abajo), que representa una cigüeña con un bebé entre sus alas. Se fabricaron durante el siglo XIX, pero se conservan pocos ejemplares y su precio suele ser bastante bajo.

Este estiracintas tiene un soporte, aunque la mayoría de ellos se sostenían de pie por sí solos. Suelen ser de gran calidad y mantenerse en buen estado.

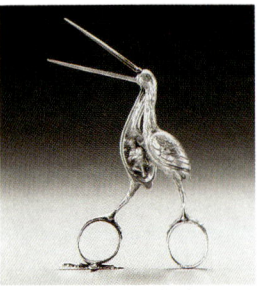

• Estas piezas llevan los contrastes en el interior de los ojos.

OTRAS PIEZAS

Plata de tocador

Los juegos de plata de tocador tienen una demanda mucho mayor que los elementos por separado. Las piezas básicas son un espejo de mano y varios cepillos, aunque suele haber otros accesorios. Asegúrese de que todos los elementos sean del mismo platero y de que correspondan en estilo.

Valor

El precio varía considerablemente según el número de las piezas del juego, el tipo de decoración y el estado de conservación. Cada elemento por separado suele costar poco dinero, pero un juego de gran calidad fabricado por un platero prestigioso, como Levi o Saloman, suele alcanzar un precio considerable.

Los juegos de tocador más económicos, como el que se muestra abajo, suelen estar desgastados por el uso, pero los más trabajados, como el de arriba, solían comprarse para decorar, por lo que en general se conservan en buen estado. Asegúrese de que las piezas no se hayan pulido demasiado, pues pueden estar deterioradas las decoraciones.
• Algunos juegos están decorados con esmaltes; cerciórese de que éstos no estén dañados.
• Los juegos completos con el estuche original son de mayor valor.

Coleccionismo

Los abotonadores se fabricaban en una variedad infinita de diseños y de tamaños y se han convertido en un área importante de coleccionismo, sobre todo entre las mujeres. Lo mismo ocurre con los calzadores. Dado que éstos son más prácticos que los abotonadores (ya no se utilizan), se venden a un precio más alto (unas tres veces más). Los calzadores, en especial los más pequeños, son bastante fáciles de dañar, dado que sus mangos no son resistentes.

El juego de plata de tocador que se muestra abajo se encuentra con bastante frecuencia. Sin embargo, éste tiene mucho valor porque está completo; comprende cepillos para el cabello, para la ropa (con púas más rígidas) y para el sombrero (con púas más suaves), un peine, un calzador y un abotonador. Otros conjuntos pueden incluir artículos para la manicura. Todas las piezas deben llevar contrastes, los cuáles pueden estar desgastados.

Monogramas

Los juegos de tocador solían regalarse y, por lo tanto, es corriente que lleven grabado un monograma o unas iniciales. En las piezas del juego, al estar fabricados con plata fina, de lámina trabajada con martillo y rellena de yeso blanco, es casi imposible borrar los grabados sin rebajar demasiado el metal. Evite las piezas que parezcan sospechosas, ya que en el mercado actual existe mucha variedad de juegos. Los que tienen cepillos desgastados también se deben evitar, ya que es difícil y costoso reemplazar las púas.
• Los servicios de viaje solían incluir botellas con tapas de plata y cajas, que se deben conservar intactas. Los juegos más grandes tenían también secantes de cuero.

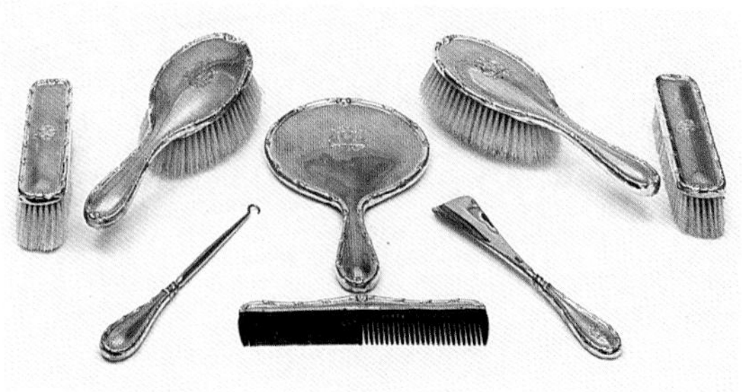

OTRAS PIEZAS

*Jarrita de vaca en plata, estilo Jorge III de John Schuppe,
Londres, 1761; longitud 15,7 cm; código de precios C.*

• Existe una gran variedad de objetos de plata para la mesa que no se pueden clasificar y para los cuales es imposible escribir un cuestionario de identificación. Abajo se muestran algunos de ellos y se dan ciertas pautas útiles para su compra.

Jarritas de vaca

Las jarritas de vaca son originarias de Holanda. Se fabricaron durante un corto período, entre 1755 y 1775, y hoy en día existen pocos ejemplares y son muy valiosos. Casi todos fueron producidos por el platero holandés John Schuppe, cuyo contraste no suele encontrarse en otros artículos. Estos recipientes descansan habitualmente sobre cuatro patas, aunque algunos van montados sobre una base de césped. Es importante comprobar que la base no se haya añadido más tarde para disimular cierta inestabilidad.

Estas jarritas varían muy poco entre sí, aunque algunas tienen expresiones particularmente originales. La superficie del ejemplar de arriba, de John Schuppe de 1761, imita el pelo del animal.
• Todas estas piezas tienen una tapa articulada con una mosca encima y la cola a modo de asa.
• Charles y Goerge Fox fabricaron algunas jarritas de vaca en el siglo XIX. Éstos vendían sus artículos de plata a la firma Lambert y Cía. Street London, especialistas en curiosidades y reproducciones de antigüedades.

Daños

Asegúrese de que los pies no estén dañados ni hayan sido reparados. Como puede apreciarse en esta fotografía, los pies traseros pueden estar elevados por el uso (estos recipientes solían apoyarse primero por la parte de atrás). Compruebe también que la cola no esté dañada.

Jarritas alemanas de vaca

A principios del siglo XX se fabricaron algunas jarritas de vaca en Alemania. Éstas suelen ser bastante más grandes que los ejemplares ingleses y seguramente fueron fabricadas para leche, y no para crema de leche.

Jarras para leche caliente

Las jarras para leche caliente se fabricaron a partir de principios del siglo XVIII, cuando se puso de moda añadir leche en las bebidas en lugar de crema. La mayoría de estas jarras son de alrededor de 1720. Solían ser de forma ovoide y tener tres pies. Las piezas más antiguas, aún más raras, eran de forma abalaustrada y a veces octogonales. Estas jarras suelen ser lisas, aparte de algunas en forma de balaustre que tienen grabado un escudo.

OTRAS PIEZAS

Campanas para la miel

Fabricadas durante el reinado de Jorge III, estas campanas en forma de colmena se empleaban para proteger los botes de miel. Suelen ser de muy buena calidad y de plateros reconocidos. Hoy en día se encuentran muchos ejemplares.

Las jarras para leche caliente se fabricaban con la tapa articulada o suelta, como se muestra en este ejemplar (arriba), de estilo más moderno.
• Dado que esta pieza es de 1788, probablemente fue fabricada por encargo ya que en esa época estos recipientes habían sido sustituidos por las jarras para crema de leche (págs. 116-119).
• El escudo en esta jarra se añadió en una fecha posterior, lo que reduce su valor.
• En las provincias de Edimburgo y de Newcastle se produjeron un número sorprendente de jarras para leche caliente.
• Los ejemplares fabricados por los plateros más conocidos son de mayor valor.

Esta campana para miel (arriba) fue fabricada por Paul Storr en 1798. Su valor es mayor que el de una pieza similar de otro platero menos conocido. Estas piezas suelen ser de plata dorada y llevar un remate con un blasón, como aquí, o uno en forma de abeja.
• Las campanas casi nunca conservan el recipiente de vidrio para la miel, pero esto no afecta su precio, ya que es relativamente fácil reemplazarlo.

Cazos para brandy

Estos cazos varían tanto en tamaño que es probable que sólo los más pequeños se utilizasen para calentar el brandy. Se fabricaron en gran cantidad y variedad de diseños, con tapas y sin ellas. Los ejemplares más modernos suelen tener una tapa articulada. En general son lisos, y los que poseen alguna cenefa decorativa en la parte abombada del cuerpo tienen más valor.

Contrastes

Los cazos para brandy suelen llevar los contrastes agrupados por el reverso. Como han sido sometidos al calor, hoy en día muchos de los sellos están muy desdibujados.
• Los cazos para brandy de plateros famosos son muy apreciados.
• Asegúrese de que la pieza no esté dañada, especialmente en la unión entre el cuerpo y el mango.

Este cazo fue fabricado en 1725 por George Wickes, quien produjo muchos ejemplares similares. Su cuerpo liso es poco común, ya que la mayoría llevaba un blasón o un escudo.
• Existen muchos cazos para brandy, por lo que se pueden coleccionar con bastante facilidad. Además son económicos.

PIEZAS INNOVADORAS

Sonajero de mediados del siglo XIX; código de precios F.

• Existen muchos artículos innovadores e interesantes en plata, que son a la vez divertidos, económicos y fáciles de coleccionar.

Sonajeros

Se fabricaron gran cantidad de sonajeros que se regalaban en los bautizos. Hoy en día, se encuentran muchos de diversos estilos. El que aparece arriba es uno de los más raros; este tipo de sonajeros se elaboraron en la segunda mitad del siglo XVIII en plata, oro y plata dorada. Está compuesto por un silbato, una campanilla y un chupador de coral para la dentición. Los del siglo XIX tenían el chupador de marfil. Existen algunos sonajeros antiguos de oro.

Palas conmemorativas

Existen palas conmemorativas de varias calidades, desde los modelos lisos de contraplacado con el mango sencillo hasta los de plata, muy decorados y con el mango de marfil tallado. Son bastante más grandes que las palas para pescado, de unos 23,5 cm de altura, tienen la hoja muy afilada y actualmente se usan para cortar tartas. Si son de buena calidad, su precio puede ser muy elevado. Las palas se inscribían siempre por el reverso con una frase conmemorativa del acontecimiento en el que se presentaban. El escudo de la ciudad de Londres que aparece en este ejemplar (izquierda) aumenta considerablemente su precio.
• Esta pala se vende con el estuche original, que es muy peculiar y aumenta su valor.

Tinteros

A principios del siglo XIX, en Alemania se fabricaron muchos tinteros innovadores que se importaron a Gran Bretaña, sobre todo a Birmingham y Chester. Se producían especialmente para el mercado inglés, y la calidad de la plata es más alta que la de la mayoría de los objetos alemanes (925 en lugar de 800). Los tinteros deben llevar contrastes británicos; si no es así, el valor de la pieza disminuye bastante, ya que en Inglaterra no se puede considerar un artículo de plata. Son objetos divertidos, que se venden a precios elevados.
• Algunos tinteros pueden ser sorprendentemente grandes. Este ejemplar mide 30 cm de longitud y tiene un peso considerable.

OTRAS PIEZAS

Accesorios de escritorio

Se fabricaron accesorios de escritorio en cuero con cubiertas muy refinadas de plata que hoy en día se venden como regalos y son bastante escasos y relativamente costosos.

Estas dos piezas (abajo) se empleaban para guardar el papel secante y el de la correspondencia. Ambas deben llevar los contrastes en el calado, por lo que serán difíciles de ver, en especial si se ha desprendido algún trozo de la decoración. Su valor es similar al del sonajero.

Precauciones

Cualquier decoración calada de plata en un objeto de cuero es difícil de limpiar sin manchar la superficie subyacente. A veces es posible extraer las tapas de plata para su lavado. Como son piezas muy delicadas, no se recomienda hacerlo con frecuencia, y es aconsejable tratar la pieza con una capa protectora, de forma que no requiera una limpieza frecuente.

Espejos de tocador

Los espejos con marcos de gran calidad en plata son muy escasos y tienen mucha demanda entre todos los compradores y coleccionistas. El marco suele ser de fundición o de estampación.

Este espejo, fabricado por William Comyns en 1887, es fundido y cincelado y de mejor calidad que las piezas de estampación. Los espejos grandes suelen ser más valiosos que los pequeños. Éste mide 68 cm de altura. Muchos joyeros compran las piezas de gran tamaño para que sus clientes las utilicen cuando se prueban las joyas. Los hay con todo tipo de bordes. Los espejos con forma de corazón tienen una especial demanda.

Marcos

También son muy buscados los marcos de plata, ya que aún se pueden utilizar. Son más pequeños que los que se fabricaban para espejos y se encuentran gran variedad de formas y de tamaños. El estado de la montura, del respaldo de terciopelo y del pie son todos importantes. Los marcos dobles son corrientes. Existen reproducciones modernas, de metal fino superficialmente estampado.

Cocteleras

Esta coctelera de plata galvanizada (abajo) forma parte de un conjunto de piezas similares que se fabricaron alrededor de 1920. Son populares entre los coleccionistas actuales porque aún se pueden utilizar. Ésta lleva algunas recetas alrededor de la parte inferior y tiene un colador en el pico. Existe otro modelo en el que las recetas de cócteles aparecen en una ventanita. Cuando se gira el cuerpo de la coctelera hasta la flecha indicada, aparece la receta de la bebida. Dado que este tipo de cocteleras son más complicadas que la que se muestra en la fotografía, alcanzan precios más altos. Existen muchos artículos originales relacionados con la bebida, entre los que se encuentran los soportes para botellas en forma de pistoleras.

179

CONTRASTES DE ORIGEN

Contrastes de Londres

Londres ya tenía una asociación de orfebres y plateros en 1180, pero ésta no fue reconocida legalmente hasta 1327, cuando Eduardo II aprobó un acta que otorgó a la Worshipful Company of Goldsmiths el derecho a imponer las leyes de ensaye. Toda la plata de Londres de cierta calidad se marcaba con la cabeza del leopardo. En 1544 este sello se convirtió en el de la ciudad de Londres. Abajo se muestran algunos contrastes londinenses que datan desde el reinado de Carlos II hasta el de la reina Victoria.

Carlos II (1600)

Jaime II (1685)

Guillermo III y María II (1689)

Guillermo III (1695)

Estándar de Britannia, aplicado a partir de 1697
Ana (1702)

Jorge I (1714)

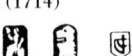

Estándar de ley, restaurado a partir de 1720
Jorge II (1727)

Jorge III (1760)

Contraste de aranceles (cabeza del soberano), introducido en 1784
Jorge IV (1820)

Guillermo IV (1830)

Victoria (1837)

Contrastes de provincias

Algunas otras ciudades en la zona de Bretaña tenían sus propias oficinas de ensaye. Abajo se muestra una selección de sus sellos.

Birmingham (1773- actualidad)

Chester (1668-1962)

El ensaye no estuvo regulado en Chester hasta finales del siglo XVII.

Dublín (1637-actualidad)

A partir de 1637, el contraste de Dublín fue el de un arpa coronada. En 1731 se añadió la figura de Hibernia. Dublín tuvo cinco contrastes hasta 1890, cuando dejó de aplicarse el de aranceles.

Edimburgo (1552 - actualidad)

En 1759 el cardo reemplazó al sello del ensayista y aparece en los objetos de esta ciudad hasta 1875.

Exeter (1701-1882)

En 1701 se cambió el contraste de una «X» por el del castillo de tres torres. La oficina cerró en 1883.

Glasgow (1681-1964)

En 1819, el león rampante de Escocia y la cabeza del soberano se añadieron al contraste local de Glasgow, y en 1914 se introdujo el sello del estándar, de un cardo.

CONTRASTES DE ORIGEN

Norwich (1565-1701)
En el siglo XVII, el contraste de la ciudad fue reemplazado por el de una rosa coronada, y a finales de ese siglo, por el de una rosa con tallo.

Sheffield (1773-actualidad)

York (1559-1856)
El contraste de la media cabeza de leopardo con una flor de lis en un escudo fue reemplazado por una media rosa a finales del siglo XVII, y en 1701 por los cinco leones pasantes.

Gremios menores
Algunas otras ciudades contrastaban sus artículos. Abajo se muestra una selección de sus contrastes.

Aberdeen (1600-1880)

Banff (1680-1850)

Bristol (1730-1800)

Canongate (1680-1836)

Cork (1660-1840)

Dundee (1550-1834)

Greenock (1745-1825)

Hull (1570-1710)

Limerick (1710-1800)

Perth (1675-1850)

Taunton (1640-1700)

Contrastes de otras ciudades europeas
Abajo se ilustran algunos de los contrastes más comunes de ciertas ciudades europeas.

Amsterdam (Países Bajos)

Augsburgo (Alemania)

Bergen (Noruega)

Copenhague (Dinamarca)

Hamburgo (Alemania)

Lisboa (Portugal)

París (Francia)

San Petersburgo (Rusia)

Turín (Italia)

SELECCIÓN DE DISEÑADORES Y FABRICANTES

Hester Bateman (activa 1761-1790). Hester Bateman se casó con John Bateman en 1732 y comenzaron un negocio familiar de platería. Aunque registró su primer contraste en 1761, tras la muerte de su marido, su marca casi nunca aparece en artículos fabricados antes de 1774. A partir de ese momento, creó una amplia gama de objetos de alta calidad, entre ellos muchos pequeños artículos domésticos. Su trabajo es elegante y suele llevar bellos grabados.

John Bridge (activo 1823-1834). Se asoció con Philip Rundell (v. más adelante) hacia 1788. Juntos se convirtieron en los plateros y los joyeros del rey Carlos III en 1797. En 1823, Bridge registró dos contrastes; el que aparece aquí, con una corona, es el que se encuentra más comúnmente.

John Cafe (activo 1740-1757). Registró su primer contraste en 1740 y el segundo, que se encuentra con más frecuencia, en 1742. A mediados del siglo XVIII monopolizó la producción de candeleros, palmatorias, cortamechas y bandejas. Su contraste no se encuentra en ningún otro tipo de objeto de plata.

Augustin Courtauld (activo 1708-1740). Fue aprendiz de Simon Pantin. Registró su primer contraste (Britannia) en 1708 y los siguientes en 1729 y 1739. Su hijo Samuel (nacido en 1720) se casó con Louisa Perina Ogier en 1747. Ésta registró contrastes en 1765 como Louisa Courtauld cuando, tras la muerte de su marido, se hizo cargo del negocio familiar.

Paul Crespin (activo 1720-1750). Platero hugonote de mucho renombre. Registró su primer contraste hacia 1720 y luego muchos más en 1739, 1740 y 1757.

Sebastian y James Crespel (activos alrededor de 1760-1780). Conocidos plateros hugonotes del siglo XVIII. Registraron su primer contraste alrededor de 1760. Posiblemente fueron aprendices de Edward Wakelin, a quien suministraban artículos de plata.

Paul de Lamerie (activo 1713-1740). El platero hugonote de mayor prestigio de la platería inglesa. Conocido por sus características decoraciones. No registró ningún contraste hasta 1733.

Rebecca Emes y Edward Barnard (activos 1808-1829). Plateros prolíficos del período de la Regencia, que suministraban objetos de plata a Rundell, Bridge y Rundell. Juntos registraron su primer contraste en 1808, y otros en 1818, 1821 y 1825.

Edward Farrell (activo 1813-1840). Platero prolífico de estilo Rococó bajo el reinado de Jorge IV. Se conoce especialmente por sus servicios de té decorados con escenas campestres al estilo de Teniers.

Charles Fox (activo 1822-1840). Produjo plata doméstica de refinada calidad de estilo propio. Trabajó para Lambert y Rawlings, de la calle Coventry.

DISEÑADORES Y FABRICANTES

Robert Garrard I (activo 1792-1800) y Robert Garrard II (activo 1818-1840). Robert Garrard I se asoció con John Wakelin en 1792, y fue el heredero del negocio de George Wickes. Le siguió su hijo Robert Garrard II en 1818, quien después se asoció con sus hermanos James y Sebastian. En 1843, se convirtieron en los plateros de la Corona, privilegio que la firma sigue manteniendo.

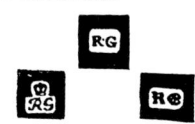

Eliza Godfrey (activa 1751-1752 y 1741-1750). Se casó con Abraham Buteux y más adelante con Benjamin Godfrey. Fue una de las plateras más prolíficas y solicitadas del siglo XVIII. Creó un trabajo de inspiración hugonote de gran calidad y llevó el negocio de su marido a partir de la muerte de éste, en 1741.

James Gould (activo 1722-alrededor de 1747) y William Gould (activo 1733-1750). Al igual que la familia Cafe, estos hermanos produjeron casi exclusivamente candeleros de estilos muy similares, a mediados del siglo XVIII.

Thomas Hannam y John Crouch (activos alrededor de 1770-1807). Junto con Crouch, Hannam fabricó salvillas y bandejas de alta calidad a finales del siglo XVIII. Se asoció con John Crouch en 1799.

Pierre Harache II (activo 1698-1700). Hijo de un inmigrante hugonote y uno de los plateros más reconocidos de su época, igual que su padre. Fabricaba artículos elegantes y bellamente grabados.

Thomas Heming (activo 1745-década 1780). Registró un contraste en 1745 y otro hacia 1767. Fue nombrado joyero y platero de Jorge III en 1760, a partir de cuya fecha añadió una corona a su contraste, que siguió utilizando hasta 1782.

Robert Hennell I (activo 1763-1811). Produjo plata doméstica de buena calidad. Fue hijo de David Hennell, con quien registró contrastes en 1763 y en 1768. También registró contrastes en solitario (1772 y 1773) y con sus hijos David y Samuel en 1802.

Charles Frederick Kandler (activo 1730-década 1750). Importante platero de mediados del siglo XVIII, posiblemente de origen alemán. Hoy en día se encuentran pocas piezas suyas. Registró un contraste junto a James Murray en 1727, y otros solo en 1739 y 1768.

Anthony Nelme (activo 1680-1720). Platero inglés que seguramente tuvo inmigrantes hugonotes en su taller. Fabricó muchos artículos domésticos y de vitrina, en contraplacado. Fue sucedido por su hijo Francis, quien tuvo un contraste Britannia muy similar.

Simon Pantin (activo 1700-1720). Aprendiz de Pierre Harache. Fue un buen fabricante de plata doméstica, con una lista de clientes no tan importante como la de Willaume o la de su maestro. Tanto él como su hijo, con el mismo nombre, utilizaron un pavo real en su contraste, como referencia a su dirección.

DISEÑADORES Y FABRICANTES

Pierre Platel (activo 1699-1719). Platero hugonote francés que fabricó objetos muy trabajados. Estuvo relacionado con la corte. Tuvo muchos aprendices, entre los que se encuentra el célebre platero Paul de Lamerie.

Benjamin Pyne (activo 1680-1720). Renombrado platero inglés, relacionado con el Hoare's Bank. Produjo plata doméstica, civil y eclesiástica. Fue el *Prime Warden* de la Goldsmith's Company en 1725, pero murió endeudado.

Philip Rundell (activo 1743-1827). Estableció la firma de Rundell, Bridge y Rundell (1788-1842), una de las más reconocidas de Londres. En 1788 se asoció con John Bridge y, en 1803, ambos se unieron a Edmund Waller Rundell. Entre los plateros que trabajaron para esta firma se encuentran Paul Storr, que colaboró con ellos entre 1807 y 1819, y Benjamin Smith.

John Scofield (activo 1776-1790). Fabricante de elegantes piezas de plata artesana en el reservado estilo de finales del siglo XVIII. Seguramente trabajó para Jeffreys, Jones y Gilbert, los plateros reales, después de Thomas Heming.

Benjamin Smith (activo 1802-1810). Importante platero del período de la Regencia, que suministraba artículos a Rundell, Bridge y Rundell. De estilo similar a Paul Storr, se especializó en cestas y calados. Junto con Digby Scott, registró un contraste en 1802 y otro solo en 1807.

Paul Storr (activo 1792-1838). El más conocido y más ávidamente coleccionado platero de principios del siglo XIX. Entre 1807 y 1819 produjo objetos de plata para Rundell, Bridge y Rundell. Más adelante, éstos operaron como Storr y Cía., y finalmente como Hunt y Roskill. La maestría de Storr en los estilos del resurgimiento clásico y Rococó no encontró rival entre los plateros ingleses.

Edward Wakelin (activo 1747-1777). Estuvo asociado con Georges Wickes a partir de 1747 y, en 1758, se hizo cargo de la compañía. Se asoció con el aprendiz de Wickes, John Pantin en 1761 hasta 1777. Fue sucedido por su hijo John y por William Taylor hasta 1792, cuando éste mismo fue sucedido por Garrard. Todos los Wakelin fabricaron plata de alta calidad durante sus trayectorias profesionales.

Georges Wickes (activo 1723-1747). Platero a la altura de Paul de Lamerie. Su trabajo estaba influido por William Kent y por el estilo Rococó. Fue el fabricante de muchos objetos de plata pertenecientes a Federico, Príncipe de Gales, y a otros clientes de la aristocracia.

David Willaume I (activo 1690-1720). De descendencia francesa, seguramente fue el mejor fabricante de principios del siglo XVIII, produjo plata de la más alta calidad y se la suministraba a los clientes ingleses más ricos de su tiempo. Registró contrastes en 1697, 1719 y 1720. Su hijo, también llamado David Willaume (II), fue un reconocido platero.

GLOSARIO

Acanalado Decoración consistente en una sucesión ininterrumpida de molduras convexas y cóncavas, rectas o curvas.
Aguamanil Jarra con pico que suele formar juego con una jofaina.
Aleación Mezcla de metales. En el contexto de la plata, los metales de base añadidos a ésta para reforzarla.
Arenilla Tipo de polvo blanco empleado para absorber el exceso de tinta antes de la invención del papel secante.
Art Déco Estilo que sucedió al Modernismo (v. más adelante) en la década de 1920. Predomina la decoración lineal en reacción a la sinuosidad precedente.
Balaustre En arquitectura, pilar corto empleado para sostener una barandilla de escalera o un parapeto. En el contexto de la plata se emplea para describir un artículo con el cuerpo abocinado y el cuello largo.
Barroco Estilo decorativo caracterizado por su ampulosidad y su ornamentación rica y simétrica. Siguió al Clasicismo, a finales del siglo XVII.
Base de espejo Soporte plano de vidrio colocado en la base de un centro de mesa o de una *épergne* para reflejar la luz (pág. 71).
Biggin Jarrita cilíndrica para café o agua caliente, con un pitón corto y una tapa en forma de cúpula, que se fabricó durante algunos años, a finales del siglo XVII y principios del siglo XVIII.
Bisel Canto interior de fijación de una tapa, por ejemplo en una cafetera o una tetera; suele llevar los contrastes.
Bleeding bowl Pequeño cuenco poco hondo, parecido a la escudilla, con un solo mango, empleado para catar el vino (pág. 173).
Boquilla En un candelero, parte superior separable en la que se coloca la vela.
Caja de ciudadanía Cajita conmemorativa que se ofrecía a los ciudadanos destacados cuando recibían la Ciudadanía de Honor de una localidad, durante los siglos XVIII y XIX.
Caja para cerillas Caja-encendedor decorativa para contener las cerillas (pág. 163).
Calado Decoración recortada con detalle, originalmente llevada a cabo con cinceles afilados, más adelante con sierras de calado y finalmente con troqueles.
Calibre Grosor de una lámina de metal o diámetro de un alambre.
Cartucho Marco o panel decorativo que rodea el escudo de armas.

Chagrín Cuero sin curtir, originalmente de la piel del chagrín, un asno salvaje turco. Actualmente, también piel sin curtir de tiburón.
Chinoiserie Estilo de decoración que surge de una moda europea de decorar la plata con motivos figurativos extraídos de la tradición iconográfica oriental, que imperó a finales del siglo XVII y de nuevo a mediados del siglo XVIII.
Cierre de bayoneta Mecanismo de sujeción de la tapa al cuerpo, que consiste en dos lengüetas que se introducen en una pestaña a la que se da la vuelta.
Cincelado También conocido como estampado en relieve, decoración de la superficie de la plata mediante cinceles, martillos y troqueles, cuyo resultado es un diseño en relieve.
Cincelado plano Similar al cincelado pero de menor relieve.
Cubertería Conjunto de cucharas, tenedores, cuchillos y utensilios para servir en la mesa.
Cuchara calada Pequeña cuchara con la pala calada que se utiliza para las hojas del té; su mango acaba en punta, para poder desatascar el pitón de la tetera (pág. 170).
Cuchara de Apóstol Cuchara con el remate en forma de uno de los Doce Apóstoles (págs. 164-165).
Decoración aplicada Decoración añadida sobre una superficie de plata, generalmente de fundición.
Decoración de recortes Formas planas de plata aplicadas por soldadura, que se empleaban como adorno y refuerzo, en especial alrededor de los bordes de las teteras y de las cafeteras (pág. 12).
Decoración en relieve Ornamentación que sobresale de la superficie.
Dorado Capa de oro aplicada a una superficie de plata o de galvanoplastia.
Enchapado Aplicación de capas finas de plata en lámina a los cuchillos para impedir que se oxiden (pág. 137).
Ensaye Prueba a la que se somete un metal para determinar su pureza.
Épergne Gran pieza de centro de mesa consistente en una cesta central y varias más pequeñas, generalmente separables. A partir de mediados del siglo XVIII se emplearon para servir fruta y dulces (pág. 68).
Escudilla Cuenco de dos asas, en ocasiones con tapa, originalmente empleado para las gachas (pág. 80).
Estampación con troquel Método de producción introducido a finales del siglo XVIII

GLOSARIO

en el que la plata en lámina se pasa entre un troquel de acero y un martillo de fragua.
Facetado Superficie compuesta por facetas, diseñada para aprovechar los reflejos de la luz.
Festón Motivo decorativo conformado en ondas, a veces compuesto por cadenas, flores o vainas colgantes.
Fundición Método de fabricación que consiste en verter plata ardiente en un molde.
Galvanoplastia Técnica de aplicación de plata sobre una aleación de cobre o de níquel (págs. 42-45).
Grabado de lustre Tipo de grabado en el cual los motivos decorativos destacan por el brillo (pág. 11).
Lingote Barra de metal fundido, extraída de un molde, apta para el almacenamiento.
Mantelete Fondo sobre el cual se exhibe un escudo de armas.
Mate No brillante; en el contexto de la plata se usa para describir una superficie a la cual se le ha aplicado ácido o que se ha perforado a intervalos regulares.
Modernismo Estilo definido por el uso dinámico de las curvas, basadas en las formas de las flores, los animales, las llamas y los colores opalescentes.
Moldura Elemento que sobresale de la superficie plana o del borde de un objeto, generalmente de fundición.
Moldura acanalada Adorno con un borde compuesto de una sucesión de prominencias y estrías alternadas, en general dispuestas en diagonal.
Monteith Recipiente grande y poco hondo, con un borde separable y escalonado, del cual se sostenían las copas de vino para enfriarlas sumergidas en agua con hielo.
Motivos heráldicos Escudos de armas completos y blasones.
Níquel Metal blanco duro similar a la plata e igualmente resistente al óxido, a menudo empleado en las aleaciones como sustituto de la plata.
Pátina Superficie de la plata envejecida de forma natural.
Pedestal Base sobre la que se coloca un objeto para su exhibición.
Perforado Decoración más simple que el calado.
Perlado Adorno de un borde consistente en la colocación continua e ininterrumpida de pequeñas esferas o semiesferas, generalmente de fundición.
Pimentero abombado Tipo de pimentero con un cuerpo abocinado característico (pág. 57).
Plata de ley Término utilizado para la plata que contiene como mínimo el 92,5 % de plata pura.
Plata dorada Plata cubierta con un baño de oro.
Platillo de candelero Pieza superior de los candeleros que evita que la cera gotee por el tronco.
Protector de fuentes Pieza normalmente en forma de aro, empleada para mantener las fuentes separadas de la mesa (pág. 172).
Recipiente interior Pieza interior de un artículo de plata; puede ser también de plata, de contraplacado o de vidrio.
Reforzado Técnica para reforzar y estabilizar candeleros y otras piezas, fijando dentro del cuerpo una vara de metal con yeso blanco o pez.
Regencia Época histórica durante la cual Jorge, el Príncipe de Gales, fue príncipe regente (1811-1820); el término se emplea para describir el período desde 1800 hasta Guillermo IV. Estilo caracterizado por piezas de plata altamente ornamentadas y decoradas.
Remate Parte superior de las tapas de teteras, cafeteras, etc. En las cucharas, se refiere al extremo del mango opuesto a la pala.
Rococó Extravagante estilo europeo desarrollado después del Barroco, a mediados del siglo XVIII, caracterizado por delicadas formas curvas y por el uso de motivos de origen indio y chino.
Salsera con pitón Tipo de salsera de plata de «doble capa» para mantener caliente la salsa (pág. 144).
Soldadura Juntura hecha generalmente de plomo, aplicada a las grietas u orificios de la plata.
Tapete Tela parecida al fieltro, generalmente de color verde.
Taza con pitón Recipiente para beber, con tapa, pitón y dos asas, empleado para alimentar a los inválidos durante principios del siglo XVIII (pág. 81).
Taza para vino tibio Recipiente de dos asas que antaño se empleaba para dar de beber a los enfermos una mezcla caliente y dulce a base de vino y especias (*caudle*) (pág. 80).
Vaso En el contexto de la plata, recipiente para beber de base redondeada y más pesado en la base de forma que, si se cae, siempre recupera la posición vertical.
Vinaigrette Pequeña caja de plata con una rejilla interior que sostenía una esponja empapada en vinagre, una variante antigua de las sales aromáticas.
Voluta Adorno en forma de «S», particularmente empleado en las asas; en forma abierta se encuentra en asas que se unen al cuerpo sólo por la base.

ÍNDICE

Lás páginas en **negrita** se refieren a las entradas principales

«Adam», estilo, 41
Abercromby, Robert, 46, 47
abotonador, 175
accesorios de escritorio, **179**
acero
 enchapado, 137
 hojas de cuchillos, 61
Adam, Charles, 57
Adam, Robert, 25
Adams, G. W., 91
Adby, William, 112
adorno de crisantemos, 154
aguamanil, 127, **95**
Albania, modelo de cubiertos, 65
Alberto, modelo de cubiertos, 65
Aldridge, Edward, 73
Alemania
 contraplacados, 136
 contrastes, 181
 escribanía, 178
 jarrita de vaca, 176
 tazón, 85
Andrews, William, 81
angarillas, 52-53, 145
Angell, Joseph y John, 51
Art Déco, 79, 179
Augsburg, 181
Auguste, Robert-Joseph, 21
azúcar, tenacillas para, 170-**171**
azucareras, 112, 113, 112-113

Baltimore, 153
bandejas, 44-45, 46, 50-51, 101, 169
 para cortamechas, **44**-**55**
 para cucharas, **169**
 para plumas, 45, 169
Banff, 181
Barnard, Edward, 49, 135, **182**
bases
 de espejo, 71
 de madera, 128, 129
 de teteras, **101**
Bateman, Hester, 48, 73, 77, 100, 119, **182**
Bateman, John, 182
Bateman, Peter y Anne, 107
Bergen, 181

Birmingham, 23, 141, 162-163, 174, 178, 180
bisagras
 daños, 15
 en cajas de rapé, 161
 en cajas de té, 111
 en teteras, 98, 99
bizcocho, cestas para, **153**
blasón, **15**, 39, 47
bleeding bowl, 150, 173, **173**
Boelen, Henricus II, 151
boquillas, 19, 20
borde, 12-13,12, 13
 acanalado, 12
 con moldura, 12
 de bandeja, 50
 de *monteith*, 79
 de plato llano, 35
 de salvilla, 47, 48
 de voluta y concha, 12-13
 perlado, 13
Boston, 148, 149, 150
bote para arenilla, 158
botellas, 173
 de angarillas, 52, **53**
 de escribanías, 158, 159
Boulsover, Thos, 136
Boulton, Matthew, 69, 140, 141
Brent, Moses, 61
Bridge, John, **182**, 184
Burwash, Wm, 49, 93
Buteaux, Abraham, 183
Byron, Lord, 162

cabeza del soberano, 10
cacerolas, 15, **177**
Cachart, Elias, 61
Cafe, John, 18, 29, 45, **182**
Cafe, William, 20, **183**
cafeteras, **96-97**, **102-105**, 106-107, **122**-**123**, 152
 en forma de copa, 105
cajas, **160-163**
 de ciudadanía, **163**
 de rapé, 160, **161**
 en forma de caparazón de tortuga, 161
 para cerillas, **163**
 para especies, 85
 para oblea, 158, 159
calado, 59, 128
 accesorios de escritorio, 179
 angarillas, 53
 centros de mesa, 71
 cestas, 72, 73

cubos para crema de leche, 119
épergnes , 69
mostaceras, 158
palas para pescado, 169
portabotellas, 128, 129
saleros de mesa, 55
calentadores de cucharas, **144**
calientaplatos, **172**
cáliz, 84, 91, 92
Callard, Isaac, 61, 170
calzador, 175
campana para la miel, 177
campanillas de escribanía, 158
candelabros, **28-29**, 139, 154
candeleros, **30-31**
 antiguos, **18-21**
 de centros de mesa, 70
 de figura, 25
 de galvanoplastia, 143
 de plata inglesa, 141
 modernos, **22-25**
 norteamericanos, 151
 pequeños, **21**, 159
 reforzados, **22-23**, 25
 telescópicos, 23
 y bandejas para cortamechas, **44**
 y palmatorias, **26-27**
caparazón de tortuga, 161
carey, 108, 161
Carlos I, 18, 86
Carlos II, 19, 80, 84, 94, 180
Carter, John, 20, 22, 48
cartuchos, 13, 15
cascanueces, 171
catavinos, **131**
cazo para brandy, **177**
centros de mesa, **70-71**
cepillos, 175
cerradura de cajas para té, 109
cestas, **72-75**
 para bizcocho, 153
 para postre, 42
Chawner, 91
Chester, 77, 178, 180
chocolatera, 102-103
cincelado, **11-12**
 plano, **12**
cinturón, 174
Clare, Joseph, 38-39
Clark, William, 57
cobre, 136, 138, 142
coctelera, 179
Coker, Ebenezer, 26
Comyns, William, 179
concha de cauri, 161
condimentos, 58
Coney, John, 150

187

ÍNDICE

Connell, Patrick, 168
contrastes
   de contraplacado, 141
   de diseño, **185**
   de galvanoplastia, 143
   de garantía, **10-11**
   de la ciudad, 10
   de plata norteamericana, 153
   de plateros, 10, **182-185**
   de provincias, **180-181**
   de registro y diseño, **185**
   europeos, 181
   falsificados, 10
   transpuestos, 10
Cooper, Matthew, 45
copas, **92-93**, 113, 155
   de despedida, **166**
   en forma de cáliz, 92, 93
Copenhague, 181
Cork, 113, 168, 181
Cornock, Edward, 160
corrosión por la sal, 54-55
cortamechas, 26, 27
Courtauld, Augustin, **182**
Courtauld, Louisa, 182
Courtauld, Samuel, 182
Crespel, Sebastian y James, 182
Crespin, Paul, **182**
Crichton, hermanos, 167
Cripps, Wm, 47, 158
Croch, John, **183**
cuartelado, 13
cubertería, 60-65
   de juegos de bautizo, 91
   de servicios de viaje, 85
   enchapada, 137
   miscelánea, **168-171**
   modelo de hocico de perro, 60, 61
   modelos de, **64-65**
   véase modelos de cubiertos
cubos para crema de leche, 119
cuchara, **60-61**, 62-63
   calada, **170-171**
   de Apóstol, 60, 61, **164-165**
   de los servicios de viaje, 85
   de punta trífida, 60, 61
   en los juegos de bautizo, 91
   modelos, **64-65**
   para cocinar, **63**
   para mostaceras, 59
   para té, 108, **171**

sopera, **168**
cuchillo, 60, 61, 62-63
   en juegos de bautizo, **91**
   en servicios de viaje, 85
cuenco
   azucareras de, 106, **112-113**
   de centros de mesa, 70-71
   de *monteiths*, **78-79**
   de poncheras, **76-77**
   y *bleeding bowls*, 150, **173**
cuero, 179

Daniell, Thomas y Jabez, 53
Davenport, Isaac, 60
Davenport, Wm, 61
decoración, **11-15**
   de recortes, 12
   plana, 14
despepitador de manzanas, 170
Dinamarca, 181
dorado
   copas, 92
   copas de despedida, 166
   parcial, 126, 127, 143, 144, 171
   saleros de mesa, 54, 55
   y galvanoplastia, 142
   vinaigrettes, 162
   véase plata dorada
Drinkwater, Sandilands, 133
Dublín, 91, 113, 131, 169, 172, 180
Dundee, 181
Dury, Drew, 61

Eames, James, 92
Eames y Barnard, 50, 132
Edimburgo, 167, 180
Edington, James Charles, 75
Elkington, 71, 126, 142, 143, 145, 171
Elkington y Mason, 143
Emes, Rebecca, **182**
enchapado, 137
Enrique VIII, período, 164
ensaladeras, 36, 37
épergnes, **68-69**
EPNS (plata de níquel electrochapada), 142
Escandinavia, 89
Escocia
   cajas para rapé, 161
   cajas para té, 111
   contrastes, 180

   cubertería, 64, 65
   jarras para leche caliente, 177
   quaiches, 167
   teteras, 98, 101
escribanía, 27, 45, 143, **158-159**
escudillas, **80-81**
escudos de armas, **13-15**
esmaltado, 132, 175
esnfriaderas de botellas, 134-135
especieros, 151
   azucareras, 56
   de angarillas, 52
   pimenteros, **56-57**
espejo, 175, 179
   de tocador, **179**
Estados Unidos, 11, 22, 62, 84, **146-155**, 112, **114-115**
estándar de Britannia, 10, 47, 155
estilo
   clásico, 25
   neorrococó, 24
estiracintas, **174**
estuche, 85, 110
   con chagrín, 85
   de cajas para té, 108
   de centros de mesa, 71
   enlacado, 110
   para papel, 179
Exeter, 99, 180

falsificaciones, 11
familia Gould, 20
Farrell, Edward, 75, 107, **182**
Farrell, Thomas, 102
Farren, Thomas, 115
Filadelfia, 149
Fox, Charles, 25, **182**
Fox, George, 25
Francia, 21, 131, 181
fraude fiscal, 10-11
fuentes
   de vitrina, 142
   para carne, 34, 35, 51
   para entradas, **36-37**, 136, 137, **139**
   para queso, 173
Fueter, Lewis, 153
fundición
   bordes de salvilla, 47
   candeleros, 19, 20, 23
   placas para vino, 133

galvanoplastia, 132, **142-145**, 179
Gamble, William, 79
Gamon, John, 57
garrafa, 127, **130-131**
Garrard, Robert, 39, 43, **183**
Glasgow, 127, 180

ÍNDICE

Godfrey, Benjamin, 118-119
Godfrey, Eliza, **183**
Goldsmith's Company, 10, 180
Goodwin, James, 113
Goodwin, Elizabeth, 117
Gorham, Jabez, 153
Gorham, 153, 154, 155
Gould, James, 44, **183**
Gould, William, **183**
grabado, **11**, 139, 140
    de lustre, **11**
Gran Exhibición (1851), 142, 143
Green, John, 141
Greenock, 181
Gribelin, Simon, 11
Guerra Civil, 86
Gurney, Richard, 90

Hamburgo, 181
Hannam, Thomas, 183
Hannam y Crouch, 50
Harache, Pierre II, 183
Harris, C. S., 75
hebilla, **174**
Heming, Thomas, 39, **183**
Hennell, David, 183
Hennell, Robert I, 183
Hennell, Samuel, 183
Herbert, S. 72
Higgins, Francis, 91, 170
hilo de violín, modelo de cubiertos, **64**
Hogarth, William, 11
hoja de cuchillo, modelo de cubiertos 61, 63
hornillo de base, 36-37, 43, 139
Hudell, René, 99
hugonotas, 182, 183
Hull, 181
Hunt y Roskell, 91
Hurd, Nathaniel, 11

iniciales, 15
inscripciones
    en centros de mesa, 71
    en copas, 93
    en copas de despedida, 166
    en poncheras, 77
    en soperas, 43
    en tabaqueras, 161
Irlanda
    azucareras, 113
    cafeteras, 103
    cajas de ciudadanía, 163
    calientaplatos, 172
    cucharones, **168**
    embudo para vino, 131
    épergnes, 69
    jarras, 94, 119
    monteiths, 79

palas para pescado, 169
pimenteros, 57
protector de fuentes, 172
tazas, 91
Italia, 181

Japón, 154
jarras, **94-95**
    con monturas, **126-127**
    de vaca, **176**
    estilo Armada, 127
    estilo Cellini, 127
    para agua, 106
    para agua caliente, 95, **105**, 107
    para café, 138
    para cerveza, 94, 95
    para clarete, **126-127**, **144**, 154, 167
    para crema de leche, 106, 116, 117, 119, 151
    para leche, **176-177**
    para leche caliente, 106, 117, 176-177
    para servicios de té, 106 y aguamaniles, **95**
jofaina, 95
Jones, William, 148

Kandler, Charles Frederick, **183**
Kirby y Waterhouse, 24, 74
Kirj, Samuel, 153

Ladyman, John, 61
Lamerie, Paul de, 12, 113, 184
Langland, John, 88, 89
Law, Thomas, 141
Leader, Thomas y Daniel, 23
Leddel, Joseph, 11
Leighton, John, 143
letra de fecha, 10
Levi y Saloman, 175
Limerick, 168, 181
Lisboa, 181
Lock, Nathaniel, 78
Looker, William, 117
Lukin, William, 12

Makepeace y Carter, 41
mangos
    de cañón, 61
    de madera, 98, 101, 103, 116, 168
    de pistola, 61
manzana, despepitador de, **170**
marcador de pichel, 89

marco, 179
    de Warwick, 52, 53
marfil, 94, 98, 105, 161, 178
«martelé», 155
Massachusetts, 148
matacandelas, 26, 27
Matthew, William, 63
Meriton, Thomas, 163
Mettayer, Louis, 76
Mills, Nathaniel, 160
modelos de cubiertos
    Charlotte, 65
    de cáscara de rey, **64**
    de cola de ratón, **64**
    de hilo inglés antiguo, **64**
    de Onslow, **64**
    de reina, 64, 95
    de reloj de arena, 64
    de rey, **64**, 65
    hannoveriano, 61
    inglés antiguo, **64**
    perlado, **65**
Modernismo, 154, 155, 174
monteiths, 76, **78-79**
mostaceras, 55, 56, **58-59**
motivos chinescos, **11**, 72, 91, 115
motivos heráldicos, 13
    en bandejas, 50
    en cafeteras, 103
    en picheles, 87
    en poncheras, 77
    en salvillas, 47
Myers, John, 153
Myers, Myer, 151

neffs, 167
Nelme, Anthony, 20, 173, 183
Newcastle, 85, 88, 89, 90, 99
níquel
    en contraplacado, 136
    en galvanoplastia, 142
Noruega, 181
Norwich, 181
Nueva Inglaterra, 153
Nueva York, 148, 149, 150, 151, 153, 154
nuez moscada, ralladores, 160

objetos para el té, **96-121**, 149, 155, 171

Pairpoint, T. J., 153
Países Bajos, 149, 153, 176, 181
palas
    conmemorativas, **178**
    de presentación, 178
    para médula, **169**
    para pescado, 154, **168-169**

189

ÍNDICE

palmatorias, **26-27**
Pantin, Simon, 95, 182, **183**
papel secante, 179
París, 181
Parker, John, 184
Parker y Wakelin, 184
Parsons, J, 141
pátina, 77, 85, 105
peines, 175
períodos
  de Guillermo y María, 35, 60, 85, 180
  de Guillermo IV, 10, 51, 180
  de Jaime II, 180
  de Jorge I, 38, 46, 95, 98, 180
  de Jorge II, 10, 54, 61, 72, 94, 133, 180
  de Jorge III, 21, 26, 34, 37, 42, 68, 71, 108, 110, 112, 134, 168, 176, 177, 180
  de Jorge IV, 10, 37, 59, 74, 106, 111, 166, 180
  de la reina Ana, 60, 63, 78, 81, 95, 98, 102, 108, 116, 169, 180
  de la reina Victoria, 24-25, 37, 39, 47, 51, 54, 58, 59, 62, 65, 69, 70, 71, 75, 88, 89, 105, 106, 107, 115, 127, 129, 135, 142, 161, 167, 169, 171, 180
  de la Regencia, 12, 24, 29, 36, 39, 45, 49, 69, 62, 64, 87, 88, 89, 93, 98, 105, 106, 115, 128, 132, 133, 135, 171
  eduardiano, 174
  isabelino, 54, 92
Perth, 181
Phipps, James, 110
picos
  de embudos para vino, 130, 131
  en jarras para clarete, 144
picheles, 86-89, 148-149
pies, 136-137, 139
  esféricos, 89, 101
piezas innovadoras, 167, 178-179
pimenteros, 56-57
  abombados, 57
  en forma de faro, 57
  para cocinar, 57
pitón
  de cafeteras, 103, 105
  de teteras, 98, 99, 100
  salseras con, 144

Pitts, William, 69
Pitts, Thomas, 20
placa
  para angarillas, 52
  para salseras, 52, **133**
  para vino, 132-**133**
plata
  norteamericana
    véase Estados Unidos
  artística, **154-155**
  decorativa para la mesa, **66-81**
  de ley, 10, 155
  de tocador, **174-175**
  dorada
    candelabros, 29
    candeleros , 25
    copas, 93
    palmatorias, 27
    picheles, 88, 89
placas para vino, 133
portabotellas, 129
  inglesa, 37, 42, 135, **136-141**, 144 *véase* contraplacado
Platel, Pierre, **184**
platos, 34-35, 140
  de postre, 35, 55
  soperos, 34
poncheras, **76-77**
portabotellas, **128-129**
Portugal, 181
protector de fuentes, **172**
Providence, Rhode Island, 154
Pyne, Benjamin, **184**
quaiches, 167
ralladores de nuez moscada, **160**
raspadoras para tabaco, **163**
Rawlings, Charles, 132
Rawlings y Summers, 133
Read, John, 79
recipiente interior
  de campanas de la miel, 177
  de cajas para té, 108
  de centros de mesa,71
  de *épergnes*, **69**
  de mostaceras, 58, **59**
  de portabotellas, 134-135
  de protector, 172
  de saleros de mesa, 54
  de soperas, 42
recipientes para beber, **95**
  copas de despedida, **166**
  neffs, **167**
  quaiches, **167**
Reily, Mary y Charles, 133
reina Victoria, 91
remates

  de cucharas de Apóstol, 164
  de chocolateras, 102, 103
  de teteras, 98
Remmer, Emick, 68
República, período, 86
Revere, Paul jnr, 150, 153
Rey David, 79
Rey Eduardo II, 180
Reynolds, Wm, 163
Richardson, Joseph, 149
Robbins, John, 159
Robbins, Thomas, 51
Roberts Cadman, 141
Roberts y Hall, 107
Rococó, 69, 75, 152
Rundell, Bridge y Rundell, 29, 37, 92, 115, 129, 133, 134, 184
Rundell, Philip, 182, 184
Rundell, Edmund Waller, **184**
Rusia, 181
Rutland, duque, 163

salero de mesa, **54-55**
sales aromáticas, 55
salseras, 40-41
  con pitón, **144**
  con tapa, **40-41**
  de pico, **38-39**
salvillas, **46-49**, 50, 140
San Petersburgo, 181
Sawyer, Richard, 70
Scofield, John, 20, 28, 29, 48, **184**
Scott, Digby, 184
Scott, James, 45
Scott, Sir Walter, 162
Schuppe, John, 176
sellos
  véase contrastes
servicios
  de mesa, **32-65**
  de cubertería, **62**
  de postre, 63
  de viaje, 27, 84, 85
Settle, John y Thomas, 159
Sharp, Robert, 40, 108
Shaw, William, 86
Sheffield, 23, 27, 74, 75, 141, 181
sistema PDRM, 143
Sleath, Gabriel, 77
Smith, Benjamin, 71, 134, **184**
Smith, Daniel, 108
Smith, John, 57
Smith, Nathaniel, 141
Smith y Sharp, 38, 77, 166
soldadura de plomo, 119
sonajero, **178**

ÍNDICE

soperas, 37, **42-43**, 136, 137, **140**
soporte, 115
 para postre, 71
Stephenson, William, 173
Storey y Eliot, 89
Storr, Paul, 27, 29, 34, 35, 36, 37, 43, 45, 49, 53, 62, 75, 93, 95, 115, 128, 129, 133, 134, 135, 166, 171, 177, **184**
Sutton, John, 80
Sympson, James, 11

tabaqueras, 160
tapas
 de aguamanil, 95
 de azucareras, 112-113
 de cafeteras, 102, 103, 104
 de cajas para té, 109, 111
 de escudillas, 80
 de jarras, 94, 95
  para leche, 116, 117
 de picos y pitones, 81
 de pichel, 87, 148
 de tabaqueras, 160
 de teteras, 98, 99, 100
tarjeteros, **162-163**
Taunton, 181

Taylor, Samuel, 110
tazas, **90-91**
 escudillas, **80-81**
 de Boston, **150**
 de comunión, 84, 92
 de pico, **81**
 para vino tibio, **80**, 150
 y vasos, **84-85**
tazón, **84**, **85**
 para servicios de viaje, 85
tenacillas para azúcar, **170-171**
tenedores, **60-61**, **62-63**
 de juegos de bautizo, 91
 de servcio de viaje, 85
 desgastes, 65
 para tostar, 53
Teniers, 107
tetera
 en forma de tambor, 98, 100, 101
 esferoidales, 98, **99**
 octogonales, 98
 piriformes, 98, 99
Tiffany, 153, 154, 155
tijeras para uva, **171**
tintero, **178**
Turín, 181

Van Voorkis y Schnack, 153
vaso, **84-85**
Videau, Ayme, 12
vidrio, 54, 58, 69, 71, 92-3, 126, 127, 144, 159, 167
Vincent, William, 59
Vincent y Lawford, 111
vinnaigrettes, 162
 con remate, 162
vino, 94, 95, **124-135**

Wakelin, Edward, 54, 168, 182, 183, **184**
Wakelin y Taylor, 42, 74
Warrington, segundo conde de, 61
Wastell, Samuel, 98
Waterhouse y Hoson, 24
White, John, 27
Wickes, Goerge, 177, 183, **184**
Wilkinson, Henry, 129, 141
Willaume, David I, 184
Wood, Samuel, 56

York, 89, 181
Young, James, 104

BIBLIOGRAFÍA

Bly, J.: *Silver and Sheffield Plate Marks*, Miller's, 1993.
Knowles, E.: *Miller's Antiques Checklist: Victoriana*, Miller's, 1992.
Miller, J. y M. eds.: *Miller's Pocket Dictionary of Antiques*, Mitchell Beazley, 1990.
Savage, G.: *Dictionary of Antiques*, 2nd edition, Barrie and Jenkins, 1978.
Tardy: *International Hallmarks on Silver*, Tardy, 1995.

OBRAS EDITADAS EN CASTELLANO

AA.VV. Miller's: *Cómo reconocer las antigüedades*, Barcelona, Grupo Editorial CEAC, 1991. (Edición española con ampliación de Miguel Gil Guasch.)
AA. VV.: *Els Marsiera. Catálogo de la exposición del Museu Nacional d'Art de Catalunya*, Barcelona, Proa, 1996. (Texto de las joyas de Lluís Masriera, 1872-1958; por M.ª Angels Fondevila.)
AA. VV.: *El Modernismo en España. Exposición*, Madrid-Barcelona, Dirección Nacional de Bellas Artes, 1969.
Alcolea Gil, S.: *Artes Decorativas de la España cristiana*, Ars Hispaniae, Vol. XX., Madrid, Plus Ultra, 1975; *La orfebrería barcelonesa en el s. XIX.* Revista d'Art n.º 6-7, Barcelona, 1981; *La orfebrería española*, Barcelona, Espasa-Calpe, 1992.
Cruz Valdovinos, J. M.: *La Platería. Historia de las artes aplicadas e industriales en España*, Madrid, Cátedra, 1982. (Coordinación de Bonet Correa. Manual de Arte Cátedra.)
Dalmases, N., Giralt Miracle D. y Manent R.: *Argenters i joiers de Catalunya*, Barcelona, Destino, 1985.
Fernández, A., Munoa, R. y Rabasco, J.: *Enciclopedia de la plata española y virreinal americana*, Madrid, Edición de los autores, 1984.
Gil Guasch, M. y Barbeta, J.: *Artes suntuarias del modernismo barcelonés. Catálogo exposición*, Barcelona, Ayuntamiento de Barcelona, 1984.
Giralt-Miracle, D.: *Evolució i etapes de la joieria catalana del s. XX. Catálogo exposición «80 anys de joieria i orfebreria catalanes»*, Caixa de Pensions, Barcelona, 1981.
Mainar, J.: *Les Arts Decoratives del s. XX. L'Art Català*, Barcelona, Aymà, 1972.
Masriera, J.: *Joieria Modernista*, Revista «Questions d'Art» n.º 4, Barcelona, 1967.
Pitarch, J. y Dalmases, N.: *Arte e industria en España (1774-1907)*, Barcelona, Blume, 1982.
Rabasco Campo, J.: *Los plateros españoles y sus punzones*, Vitoria, 1975.

REFERENCIAS DE LAS ILUSTRACIONES Y AGRADECIMIENTOS

Los editores agradecen a los siguientes museos, casas de subastas, comerciantes, coleccionistas y demás cooperadores que han suministrado las fotografías que aparecen en este libro.

1 SL; 3 SL; 11a CL, e SL, b SL; 12i SL, d SL; 13 SL; 14 SL; 15 SL; 16 IB/MB; 18 IB/MB; 19i SL, d IB/MB; 20ai IB/MB, bi IB/MB, d IB/MB; 21i SL, d IB/MB; 22 IB/MB; 23i SL, d SL; 24i CNY, ad CNY, bd SL; 25ad SL, b SL; 26 SL; 27ai SNY, bi IB/MB, ad SL, bd SL; 28 CNY; 29i SL, ad SL, bd SL; 32 IB/MB; 34 CNY; 35i CNY, ad SL, bd SL; 36 CIS; 37ai SL, bi SL, ad SL, bd SL; 38aI B/MB, bI B/MB; 39ai IB/MB, ad SL, b SL; 40 IB/MB; 41a CNY, i IB/MB, a IB/MB; 42 IB/MB; 43ai CNY, ci IB/MB, b SL; 44 SL; 45ai SL, ci SL, b SL, ad IB/MB; 46 IB/MB; 47a SNY, bi CL, bd CNY; 48a SL, bi CNY, bd SL; 49ai CNY, ad SL, b CNY; 50 CNY; 51ai SL, ad CNY, b IB/MB; 52 IB/MB; 53ai SL, bi SL, d IB/MB; 54 SL; 55ai CNY, ci SNY, bi IB/MB, bd IB/MB; 58 IB/MB; 59ci IB/MB, bi IB/MB, ad JW, bd IB/MB; 60 CL; 61ai SNY, bi CL, d CL; 62 CNY; 63a SL, e CNY, b SL; 66 SL; 68 SLY; 69ai SL, e SNY, b SL; 70 CL; 71i SL, ad SL, SL; 72 SNY; 73a SNY, e SL, b DN; 74a SL, b SL; 75ci SSc, ad SL, b SL; 76 SL; 77ai SL, ei SL, d CNY; 78 CNY; 79a SL, bi CL, cd CL; 80a IB/MB, b SL; 81ai SL, ad SL, b SL; 82 IB/MB; 84 SNY; 85 ai SNY, bi IB/MB, ad CNY, bd SL; 86 IB/MB; 87i SL, ad SL, bd IB/MB; 88 IB/MB; 89ai IB/MB, bi IB/MB, d IB/MB; 90 SL; 91ai SL/IB, ad SL, bi SL, bd SL; 92 SL; 93 ai SL, bi SL, d SL; 94 SL; 95ai SL, ad CNY, b IB/MB; 96 IB/MB; 98 SL; 99a SL, bi SL, bd SL; 100a IB/MB, b SL; 101a SL, cd SL, b SNY; 102 SL; 103ai SNY, ad IB/MB, b SNY; 104a IB/MB, b IB/MB; 105ci SL, ad SL, b SL; 106 SL; 107a SL, e SL, b SL; 108a SL; 109ai SNY, ad CNY, b SL; 110a SL, b IB/MB, bd IB/MB; 111ai SL, cd SL, b SL; 112 IB/MB; 113ai SL, ei SL, b CNY, d SL; 114 IB/MB; 115 SL, bi SL, d SL; 116 SL; 117ai SL, bi CNY, ad SNY, bd IB/MB; 118a IB/MB, bSL; 119ai SNY, ad SNY, b SL; 124 IB/MB; 126 IB/MB; 127i SL, d SL; 128a IB/MB, b IB/MB; 129i SL, ad SL, bd SL; 130 IB/MB; 131ai IB/MB, ad SL, b SL; pp. 132-133 SL; 134 SNY; 135ai SL, ad SNY, b SL; 136 SL; 138 IB/MB; 139ai IB/MB, bi IB/MB, ad CNY, bd CNY; 140a SL, bi IB/MB, bd SL; 141 IB/MB; 142 SL; 143d SL, b JW; 144ai JW, bi IB/MB, d IB/MB; 145ai SL, ad SL, b SL; 146 SL; 148 CNY; 149ai SNY, ci CNY, b CNY, d CNY; 150ai CNT, ad CNY, b SNY; 151a SNY, ci CNY, cd SNY, bd SNY; 152 SNY; 153 SNY; 154a CNY, bi SNY, bd SNY; 155a CNY, e SNY, b SNY; 156 SNY; 158 IB/MB; 159a SL, bi IB/MB, cd SL; 160a SL, b SL; 161ai CEd, ei CEd, bi CNY, ad CNY, bd SL; 162i SL, d SL; 163ci SL, ad SL, cd SL, b SL; pp. 164-165 SL; 166aI B/MB, b IB/MB; 167ai SL, ad SL, b SL; 168 CNY; 169a CNY, e IB/MB, b IB/MB; 170ai SL, ad SL, b SL; 171i Tess., d CNY; 172 a IB/MB, b IB/MB; 173ai SL, ad SL, b SL; 174a IB/MB, bi SL, bd SL; 175a SL, b SL; 176 MB; 177ai SL, ad SL, b SL; 178 SL; 179a SL, bi SL, dI B/MB.

Llaves
a: arriba, **b**: abajo, **c**: centro, **i**: izquierda, **d**: derecha

CEd	Christies Edinburgh
CL	Christies London
CNY	Christies New York
Csc	Christies Scotland
DN	Dreweatt Neate
IB/MB	Fotografías encargadas especialmente a Ian Booth para Mitchell Beazley en Sotheby's
JW	John Wilson
SL	Sotheby's London
SNY	Sotheby's New York
Tess.	Tessiers

Agradecimientos especiales para el departamento de plata de Sotheby's Londres por su colaboración para encontrar muchas de las fotografías que aparecen en este libro.